LE RÊVE BRISÉ DES WORKING GIRLS

Claire Léost

Le rêve brisé des *working girls*

Pourquoi les filles d'aujourd'hui réussissent (toujours) moins bien que les garçons

Témoignages de dix working girls *issues de HEC*

Fayard

Couverture : un chat au plafond,
illustration : Labyrinth © Tim/Fotolia.com

ISBN : 978-2-213-67218-2

Introduction

Il y a quinze ans, nous étions une bande de filles diplômées de HEC et la vie commençait. Nous nous étions rencontrées en classe prépa ou sur les bancs du campus. Vingt ans et des poussières, ambitieuses, nous étions sûres de nos destins qui s'annonçaient palpitants.

Il y a quinze ans, nous étions toutes promises à une carrière aussi brillante que l'avaient été nos études. À HEC, nous étions 46 % de filles pour 54 % de garçons, la parité n'était plus un enjeu pour nous. Nos mères s'étaient battues, avec succès croyions-nous, pour que nous puissions faire les mêmes études que les garçons et accéder aux mêmes postes, nous allions tirer les fruits de leur lutte.

C'était l'époque bénie de la première bulle internet, une parenthèse enchantée pour les jeunes diplômés, qui ne durerait pas, mais nous étions trop jeunes pour nous en rendre compte. Le taux de croissance en Europe frôlait les 3 % et Jacques Chirac, alors président de la République, nous expliquait à la télévision qu'il y avait trop d'argent dans les caisses de l'État et que Lionel Jospin, son Premier ministre, devait le rendre aux Français, lançant l'affaire de la cagnotte.

Entre deux cours, arpentant l'immense parc du campus de Jouy-en-Josas, nous discutions d'un ton blasé des jobs en or qui nous attendaient à la sortie : banque d'affaires, création d'une start-up, conseil en stratégie, marketing, publicité, rien ne nous paraissait impossible. Le plus dur, c'était de faire un choix. Dans la douceur du mois de juin, attendant la remise du diplôme, nous passions nos journées à écrire de belles lettres de refus aux grandes entreprises qui nous proposaient des postes pourtant alléchants. Pas question de dire oui au premier employeur venu, l'époque était à l'optimisme, il fallait décrocher la lune.

Il y a quelques mois, nous nous sommes retrouvées lors d'un week-end dans une fermette normande pour fêter les trente-cinq ans de l'une d'entre nous. Comme dans une comédie américaine à flash-back, nous avons dressé chacune le bilan de ces années. Il est amer. Parmi nous, seule la moitié exerce un travail dit « à responsabilité ». Les autres attendent toujours une promotion qui ne vient pas ou y ont tout simplement renoncé.

Pendant ce temps, les garçons de notre promotion ont, bon an, mal an, tous progressé dans la hiérarchie. Les plus malins ont créé et revendu leur entreprise.

Comment en sommes-nous arrivées là ? Pourquoi les filles de notre génération, qui avaient plus d'atouts que les garçons à l'école, plus de diplômes, les mêmes chances sur la ligne de départ, ont-elles finalement échoué à faire évoluer les statistiques ?

Aujourd'hui, les filles réussissent mieux à l'école que les garçons, ont davantage de chances de décrocher leur bac et les mentions qui vont avec. En 2011, sur 32 bacheliers ayant eu 20 sur 20 au baccalauréat, 23 sont des filles. Après le bac, elles sont massivement présentes dans les grandes écoles.

Pourtant, en 2011, la Conférence des grandes écoles révélait que les filles fraîchement diplômées sont 15 % moins bien payées et deux fois plus souvent recrutées en CDD que les garçons.

Et que, à la sortie des écoles d'ingénieurs, presque un quart d'entre elles n'ont pas le statut de cadre, une situation vécue par moins de 1 % des garçons.

Pourquoi ces jeunes femmes, crème de la crème de la méritocratie féminine, subissent-elles le même sort que leurs copines du collège qui, BTS en poche, ont un salaire inférieur de 25 % à celui des hommes ? Pourquoi ont-elles pâli des jours entiers sous les néons des bibliothèques et sacrifié leur adolescence ? Pour la beauté du geste ?

Les journaux économiques publient régulièrement des classements de dirigeantes de l'année, de femmes en or, de femmes formidables. Ils parlent moins de toutes celles qui, bien que surdiplômées, peinent à trouver leur place, doutent d'y arriver un jour, renoncent peu à peu à leurs rêves de jeunesse et à leurs ambitions, pourtant légitimes, dans le monde du travail. Celles-là ne figurent jamais dans la colonne « portraits de femmes » des magazines.

En 2012, l'écart de salaire à poste équivalent entre la rémunération d'une femme et celle d'un homme chez les cadres supérieurs est toujours de 30 %, il n'y a toujours que 7 % de femmes dans les comités de direction. Et, depuis le départ d'Anne Lauvergeon du groupe Areva, aucune femme n'est PDG d'une entreprise du CAC 40.

La responsabilité de cette situation incombe-t-elle aux entreprises et institutions, incapables de faire progresser et de retenir les meilleurs éléments féminins ? À l'école, qui ne prépare pas assez les filles à ce qui les attend ? Aux hommes, qui, dans une période économique où les postes intéressants sont rares, se débrouillent pour barrer la route à ces nouvelles concurrentes ? Ou aux femmes elles-mêmes, qui, plus ou moins consciemment, se mettent en position d'échec ? Existe-t-il des moyens d'échapper à cette fatalité ?

À vingt ans, nous étions diplômées de grandes écoles et pensions avoir fait le plus dur, nous ignorions tout des obstacles invisibles qui allaient se dresser sur notre route.

À travers le parcours de dix jeunes femmes issues d'une grande école de commerce, ce livre apporte un éclairage sur les principaux pièges qui attendent les jeunes femmes diplômées dans leur vie professionnelle. Il leur fournit des clés pour les déjouer et prendre toute leur place dans les entreprises : à côté des hommes, et pas en-dessous.

Le conjoint : moteur ou frein ?

Marie, c'était la star du campus. Le genre de fille énervante : jolie comme un cœur, brillante, bien élevée, peu de défauts à signaler, et modeste avec ça. Elle avait toujours squatté le podium des premiers de la classe, mais n'en tirait aucune gloire. Ses parents étaient profs dans une banlieue tranquille ; l'école, c'était un peu sa deuxième maison.

Elle avait fait HEC pour échapper à la monotonie du destin d'enseignant, pour ne pas faire comme ses parents. Le monde de l'entreprise, dont elle ignorait tout, lui semblait synonyme d'une vie plus intense. Et puis elle voulait gagner de l'argent, parce que l'argent, pensait-elle alors, c'était la liberté de choisir sa vie.

Sur le campus de Jouy-en-Josas, ses amis l'avaient surnommée Miss HEC, parce qu'elle était toujours disponible pour s'acquitter de tâches aussi passionnantes que faire visiter l'école aux nouveaux arrivants ou remettre une médaille aux gagnants du tournoi de hockey sur gazon. La faute encore à des parents altruistes qui ne lui avaient épargné aucun sacerdoce, enfant de chœur à six ans, guide de France à dix et déléguée de classe à douze. Son charisme faisait mouche à chaque fois, et on lui prédisait au choix une carrière de journaliste de télévision – modèle Claire Chazal, illustre ancienne élève de notre école – ou de star de la publicité.

Une fois diplômée, elle fut embauchée par un cabinet de conseil américain. Elle n'avait aucune passion pour ce métier, d'ailleurs elle ne savait pas bien de quoi il s'agissait, mais ses camarades de promo lui avaient répété en boucle que c'était « ce qui se faisait de mieux ». Alors elle avait suivi le mouvement, s'était surprise à rechercher comme les autres une vie confortable, un salaire à six chiffres, se découvrant au fur et à mesure des besoins qu'elle ignorait. Pour décrocher le job, elle avait dû passer six tours d'entretiens, au cours desquels on lui avait demandé de calculer la superficie de Paris, puis le nombre d'habitants au kilomètre carré à Paris, puis le nombre d'allumettes dans une boîte d'allumettes (question importante, quand on y pense). Sortie victorieuse de ce marathon un peu absurde, elle participa à un séminaire d'intégration pour les nouveaux arrivants à Kitzbühel, et y rencontra son futur mari, jeune diplômé comme elle, issu d'une école d'ingénieurs. Enthousiastes, ils enchaînèrent pendant quatre ans les projets dans le monde entier, se retrouvant à Paris entre deux missions. Le parcours de Marie était tel qu'elle se l'était imaginé pendant ses études : rapide, excitant, joyeux.

Elle vivait avec son mari dans une résidence moderne, avenue du Maine, à Paris, construite dans d'anciens locaux de la CGT reconvertis en lofts et duplex aux loyers exorbitants. Leur statut de DINK, « Double Income No Kid », comme disent les Américains, deux salaires, pas d'enfant, leur permettait de partir régulièrement en week-end dans des palaces et en vacances sous les Tropiques. Ils avaient testé par ordre alphabétique une bonne partie des hôtels de la chaîne Relais & Châteaux quand Marie tomba enceinte. Faire un enfant, ce n'était pas un projet très construit, mais elle s'était dit qu'avoir un enfant, c'était comme courir le marathon de New York ou écrire un livre, il fallait avoir coché la case avant ses trente ans.

Alitée dès le troisième mois à cause d'une grossesse difficile, elle se retrouva clouée chez elle pile au moment où son employeur décidait des augmentations individuelles. Son mari fut promu et augmenté. Pas elle. Comme elle n'était pas là, on décréta qu'« elle pouvait bien attendre un an de plus », et que pour l'instant « elle avait d'autres priorités ».

Marie se sentait coupable d'avoir déserté son poste, abandonné ses clients, et de continuer néanmoins à percevoir son salaire. À l'école, elle n'avait jamais loupé un contrôle, même avec trente-neuf degrés de fièvre – dans sa famille, ça ne se faisait pas. Du coup, elle ne protesta pas quand elle vit le salaire de son conjoint grimper, et pas le sien ; de toute façon, du fond de son lit, elle ne pouvait pas réclamer. « Ce n'est pas bien grave, ce qui compte, c'est que le revenu global de notre couple, lui, progresse », lui avait dit son mari, calculatrice à la main.

Après la naissance de sa fille, elle chercha une solution de garde et n'obtint pas de place en crèche, malgré une dizaine de courriers et le siège du service petite enfance de la mairie du XIVe arrondissement. Elle joua alors à la loterie des nounous et tomba sur un mauvais numéro, une fois, deux fois, trois fois. Sa première nounou fut arrêtée pour dépression au bout d'une semaine, la deuxième ne se présenta pas un matin et ne donna plus jamais signe de vie.

Marie dut enfin renvoyer la troisième, qui invitait à prendre le thé toutes ses copines du quartier. Épuisée et découragée, elle se tourna vers le directeur des ressources humaines de son groupe, vieux routier de l'entreprise, lui-même père de cinq enfants, qui lui conseilla de travailler à temps partiel.

« C'est la solution idéale pour les jeunes mères : vous n'avez pas à choisir entre un travail intéressant et vos enfants, vous conciliez les deux ! Et puis, entre nous, le bonheur est à la maison, pas au travail », lui dit-il un jour avec une sincérité qui semblait non feinte… alors que tout son parcours illustrait l'inverse de ce paradigme. « Le bonheur est à la maison, certes, mais surtout celui des autres », pensa alors Marie *in petto*.

Ayant consacré presque un an à la maternité, elle n'était guère emballée par cette proposition ; elle voulait reprendre le rythme trépidant de sa vie d'avant, rattraper le temps perdu. Elle imagina alors que son mari pouvait prendre le relais et passer en temps partiel, au moins jusqu'à ce qu'une place en crèche se libère.

« Tu comprends, ma chérie, je suis en pleine ascension, je ne peux pas lever le pied, ce serait mal perçu. Et je gagne plus que toi, donc si je travaille moins, on va y perdre plus d'argent.

Et puis, à son âge, notre fille a surtout besoin de sa mère », lui expliqua-t-il.

Il fallut se faire une raison. Marie obtint l'accord de son entreprise pour travailler trois jours par semaine, pendant qu'une voisine gardait sa fille. Les deux autres jours, elle faisait elle-même la nounou. Une drôle de nounou, changeant son bébé Blackberry vissé à l'oreille, allaitant au doux bruit de son MacBook Pro. Car il y avait un imprévu, un non-dit : son *temps* de travail avait diminué, mais pas sa *charge* de travail.

« On ne va pas embaucher quelqu'un pour deux jours, il faut que tu t'organises, que tu sois plus efficace », lui répétait son polytechnicien de patron.

S'organiser, certes... Demander aux clients de ne pas appeler pendant la sieste de la petite ? Décaler un voyage à Copenhague qui tombe le jour de la visite chez le pédiatre ? Sa hiérarchie se souciait peu qu'elle soit d'astreinte à la maison deux jours par semaine. « *Client first* », comme on dit dans le conseil, le client est roi, donc si le client fixe un rendez-vous un jour où tu gardes ton bébé, tu te débrouilles pour y aller. Elle jonglait entre son travail à distance, la belle-mère à une heure de train lorsqu'elle devait se rendre en réunion, et le triptyque biberons, couches, balades au parc. Après avoir vécu à deux cents à l'heure, elle découvrait l'épuisante monotonie des squares en hiver, la solitude de la nourrice de fond, les journées qui s'étirent et n'en finissent pas.

Son salaire, lui, avait diminué de 40 %. Peu d'espoir que cela s'arrange, car était désormais tatouée sur son front la marque d'infamie des paresseuses : « temps partiel », donc peu impliquée, pas d'avenir. Elle devait endurer les réflexions de ses amies à temps plein : « Tu as beaucoup de chance, j'adorerais faire comme toi si j'en avais les moyens. » Et les soupirs rageurs de son patron quand le mercredi soir elle lui répondait, comme le mercredi d'avant, que non, elle ne serait pas là demain.

Un an plus tard, un chasseur de têtes proposa à son mari un poste dans la finance à Londres. Évidemment, il accepta ; évidemment, elle le suivit, et c'est ainsi qu'en moins de dix ans la star du campus devint une femme au foyer poussant sa poussette Maclaren du côté de South Kensington.

À vingt ans, Marie adorait le shopping, les fringues, les virées entre filles. Alors que la plupart d'entre nous avions découvert la mode dans les centres commerciaux sinistres des villes de province, elle avait déjà un carnet d'adresses digne d'une rédactrice mode de magazine féminin. Elle nous faisait traverser tout Paris pour trouver une paire de stilettos importables repérés dans *Vogue*. Elle dépensait en quelques minutes deux mois d'argent de poche pour acheter un sac, et devait ensuite brader chez Gibert Jeune les manuels scolaires acquis au prix fort par ses parents. Dix ans plus tard, Marie n'a plus le temps ni l'envie de faire du shopping. « J'ai mûri, j'ai d'autres priorités, cela ne m'intéresse plus. Et puis, finit-elle par lâcher un brin résignée, je ne veux pas demander d'argent à mon mari, dépenser pour des choses inutiles. Je n'ai pas de chéquier à mon nom, mais ce n'est pas bien grave, je vis comme un ermite. »

À vingt ans, Marie était une pile électrique, celle qui nous bottait les fesses pour sortir le soir, quand, après une journée de cours, nous serions bien restées dans nos chambres à regarder une série débile à la télévision. Celle qui, après un retour tardif de boîte de nuit, réveillait tout le monde pour ne pas rater le cours de finance des marchés de huit heures du matin. Aujourd'hui, elle est facilement irritable et souvent fatiguée – « c'est terrible, pourtant je ne fais rien ». Quand elle attend son mari à dîner pour vingt heures, et qu'il arrive à vingt heures trente, son moral s'effondre. Lui est ravi, ne comprend pas ses sautes d'humeur et lui fait la leçon : « Tu ne te rends pas compte de la chance qu'on a, un grand appartement, au cœur de Londres, à trente ans à peine, c'est inouï ! Je travaille dans la finance pendant dix ans pour gagner beaucoup d'argent et nous mettre à l'abri de tout besoin, mais après j'arrête, c'est promis, et je me consacre à la recherche », lui répète-t-il sans grande conviction.

« Femme au foyer, c'est arrivé sans que je m'en rende vraiment compte, ce n'était pas un projet de vie, pas un choix, je me suis laissée porter. Adolescente, je rêvais d'être Simone de Beauvoir ou Françoise Giroud, dont je ne manquais aucun passage à Apostrophes. Parfois, je me demande à quoi bon ces années d'études enfermée dans ma petite chambre, pour finir seule dans un grand appartement, à m'occuper de ma fille. Certains soirs, je me surprends à guetter le retour des voisins d'en face, un geste à travers la fenêtre, un sourire, ça me fait une présence. J'ai l'impression d'être un meuble parmi les meubles. Je mène une vie confortable, sans surprise, mais parfaitement inutile. »

« Au moins, tu sauras aider notre fille à résoudre ses équations ou corriger ses dictées », a un jour plaisanté son mari, croyant la réconforter.

« Mon mari ne me pousse pas à reprendre un job : on n'en a pas besoin, me dit-il. » Lui n'en a pas besoin, en effet.

« Je ne compte pas retravailler pour l'instant, je vais me consacrer à ma passion pour les meubles et les brocantes, et démarrer un blog à ce sujet. Mais attention, c'est provisoire : lorsque ma fille sera à l'école, je reprendrai un travail », affirme-t-elle, comme pour se rassurer.

Au fond d'elle-même, Marie sait qu'il est trop tard. Qu'elle a eu sa chance et que, sans vraiment s'en apercevoir, elle l'a laissée filer. Du travail, elle en retrouvera, oui, et même facilement, avec le réseau des anciens élèves, les contacts de son mari, ses anciens clients. Du travail, mais pas l'enthousiasme, la confiance, la foi en son destin. Quelque chose s'est brisé qui ne reviendra pas.

La morale de cette histoire

Je me souviens qu'une prof de HEC m'avait dit que la règle d'or de la réussite pour une femme, c'est de bien choisir son conjoint. Ce qui ne veut pas dire épouser un multimilliardaire ou le sosie de Brad Pitt, mais trouver quelqu'un qui croie en vous autant, voire plus, que vous-même et considérera toujours que votre parcours professionnel est aussi important que le sien. À l'arrivée du premier enfant, ne vous mettez pas en retrait. « Le plus gros obstacle à la carrière des femmes, c'est le salaire du conjoint », explique Marianne Bertrand, chercheuse à l'université de Chicago. Dans un couple, celui qui a le pouvoir financier peut plus facilement imposer ses projets. Or, dans neuf couples sur dix en France, c'est un homme.

La grossesse impossible au bureau

Alice est directrice marketing d'une entreprise pharmaceutique, elle est mère d'un garçon de quatre ans. Sa famille avait un commerce de vin dans le Bordelais. Ses parents travaillaient tout le temps, c'était une question de survie, il ne fallait pas perdre une journée de chiffre d'affaires. Ils recevaient les clients dans leur boutique pendant la semaine, préparaient les commandes le week-end et consacraient à l'inventaire les quelques jours de vacances qu'ils s'accordaient. Alice passait ses étés de petite fille parmi les caisses et les fûts, à jouer à la marchande ou à cache-cache entre les rayons.

Aujourd'hui, elle n'arrive pas à prendre de vacances sans se sentir coupable et, comme tous les drogués du travail, elle hait les dimanches, quand tout s'arrête et qu'on entend le silence.

Chaque lundi, elle retrouve avec soulagement le brouhaha de la semaine.

Fille unique, adorée de ses parents, elle a toujours eu confiance en elle. Lors du grand oral d'entrée à HEC, à l'examinateur qui lui demandait solennellement : « En quoi croyez-vous ? », elle avait répondu sans sourciller, du haut de ses dix-neuf printemps et de son mètre soixante : « Je crois en moi. »

Le jour où, dix ans plus tard, elle décida de faire un enfant, cela lui parut naturel de continuer à travailler, elle ne se posa même pas la question. Mais ses collègues de bureau changèrent soudain d'attitude à son égard, transformant sa grossesse en parcours du combattant.

« Quand vous annoncez votre grossesse, vous devenez une sorte d'animal de foire. Vos collègues s'autorisent subitement à vous toucher le ventre et vous assènent des propos lénifiants sur le bonheur d'être parents. Que ça les a fait grandir ou rajeunir, c'est selon, que la famille, c'est sacré, que c'est fatigant les trois premiers mois, que c'est fatigant tout le temps, que c'est la vraie vie qui commence, que c'est une page qui se tourne. Des femmes à qui vous n'avez jamais adressé la parole vous racontent soudain dans l'ascenseur les détails les plus intimes de leur accouchement. "Je n'ai rien senti, car la péridurale était trop forte", explique la comptable qui descend au troisième. "J'ai souffert le martyre, la péridurale n'a pas marché", renchérit la secrétaire du juridique qui s'arrête au quatrième. Mais, souffrance ou non, de l'avis de tous, ce sera le plus beau jour de votre vie.

« Rapidement, vous cherchez désespérément quelqu'un qui n'ait pas de point de vue sur la grossesse, et vous n'en trouvez pas, à part peut-être le stagiaire du service communication. Puis, très vite, on vous pose la question fatale : "Quand est-ce que tu t'arrêtes ?" »

Cette question, Alice l'a tout de suite trouvée suspecte. Pourquoi, lorsque vous annoncez votre grossesse, vos collègues sont-ils si pressés de vous voir disparaître de la circulation ? Est-ce une maladie honteuse qu'il faut cacher ? Est-ce l'occasion, trop belle, pour vous mettre hors jeu et vous piquer votre place ?

Les mois passent, Alice est en pleine forme. Elle triche sur la date de son accouchement, elle dit fin septembre au lieu de fin août, dans l'espoir d'avoir la paix. Mais les regards et les mots se font inquisiteurs. Environ dix fois par jour, on lui dit :

« Fais attention, ménage-toi et ménage ton bébé !

– Je ne suis pas fatiguée, au contraire, je n'ai jamais eu autant d'énergie.

– Oui, mais si tu ne te reposes pas avant l'accouchement, le contrecoup sera terrible, tu sais, le fameux *baby blues*.

– Ah, je croyais que le *baby blues*, c'était une dépression physiologique, qu'on n'y pouvait pas grand-chose.

– Faut voir. Et puis, pense à ton bébé, il faut le préserver au maximum du stress de la vie professionnelle. Dans ton ventre, il ressent chacune de tes émotions, il peut en garder des séquelles à vie. »

Résumons. Si, enceinte, vous êtes fatiguée, on vous enjoint d'arrêter de travailler pour vous reposer. Si vous n'êtes pas fatiguée, on vous enjoint de vous arrêter aussi pour vous préparer à une éventuelle fatigue post-accouchement. Et si vous n'êtes pas convaincue, on vous assène le coup de massue, dernier degré sur l'échelle de la culpabilité : le bien-être de votre enfant.

Quelques jours avant l'accouchement, Alice continue de venir au bureau juchée sur son scooter Piaggio pour s'épargner une heure de métro en plein mois d'août. La réprobation est désormais unanime ; pourtant, elle n'arrive pas à se sentir tout à fait coupable de travailler, de faire marcher son cerveau, plutôt que de compter les jours qui lui restent jusqu'à la naissance, affalée sur le canapé du salon à feuilleter des catalogues de puériculture.

Devant sa santé éclatante, son patron voit bien que l'argument médical ne tient pas la route. Alors il tente une approche plus philosophique. « Tu es en train de passer à côté de ta grossesse, c'est une expérience qui ne se reproduira pas, tu dois la vivre pleinement, tu nous fais un déni de grossesse », lui explique-t-il, buvant ses propres paroles.

« Déni de grossesse », c'est un concept qui la laisse perplexe. Son bébé est dans son ventre, elle peut sentir le moindre de ses mouvements, il ne la quitte pas de la journée, comment pourrait-elle en faire le déni ?

« Ou alors tu nous fais une grossesse d'homme, comme Colette », lance-t-il, fier de ses références littéraires.

Le collègue qui partage son bureau, déjà résigné à l'injustice du monde avant d'avoir fêté ses quarante ans, lui répète sans cesse : « Ce que tu fais pour l'entreprise, elle ne te le rendra pas. » Cela ne lui viendrait pas à l'esprit que l'on puisse travailler simplement parce qu'on se sent vivant, pour participer à la marche du monde, être relié aux autres, faire avancer les choses. Pas pour l'entreprise, non, mais égoïstement pour soi.

Ce collègue profite de la grossesse d'Alice pour l'écarter, l'air de rien, des dossiers importants. Quand elle lui demande pourquoi il a omis de lui communiquer telle ou telle information, il répond la bouche en cœur : « Tu vas être mère, tu as mieux à faire que de passer des heures à éplucher ce dossier barbant, je veux t'épargner tout stress inutile. »

Tant de bonté…

Quant à ses collaboratrices, elles l'accusent à mots couverts d'être une renégate de la cause des femmes et de fouler aux pieds leur droit chèrement acquis aux seize semaines de congé maternité, qui, selon les statistiques, deviennent vingt ou vingt-quatre dans une grossesse sur deux. Le gros ventre d'Alice devient un débat politique autour de la machine à café. Certains la soupçonnent d'être proche de la droite ultralibérale, de militer pour l'abrogation des droits sociaux et notamment la suppression du congé maternité. D'autres au contraire la remercient pour sa démarche progressiste et humaniste, brillante démonstration que les femmes sont des hommes comme les autres.

Pour Alice, le vrai problème, c'est que, enceinte, elle devient un fardeau pour son entourage professionnel. Les taxis ne veulent plus la prendre, les avions non plus, les collègues hésitent à l'emmener déjeuner dans leur Renault Scenic flambant neuve. Et quand la DRH la croise, casque à la main, le rappel à l'ordre est implacable : « Tu n'as pas le droit de venir au bureau. S'il t'arrive quelque chose, l'entreprise est responsable ! » Sans parler du médecin du travail, qui n'a jamais vu cela en vingt ans de métier et veut l'envoyer chez le psy. Au fond, les deux seuls qui lui fichent la paix sont le gynécologue et son mari. Le premier sait bien qu'elle ne court aucun risque, et son enfant non plus. Tout juste soupire-t-il quand elle lui annonce, enceinte de huit mois, qu'elle doit partir à Lille pour son travail. « Du moment que vous n'oubliez pas de rentrer pour l'accouchement… » Quant au père de l'enfant, vaguement inquiet au début, ensuite résigné, puis discrètement fier, il s'est fait une raison. D'un point de vue pratique, pouvoir l'emmener quelques mois de plus à moto au cinéma, au théâtre, au restaurant, avant d'acheter le monospace tant redouté, est un répit bien agréable.

La semaine précédant l'accouchement, Alice décide de rester à la maison, non parce qu'elle est fatiguée, mais parce qu'elle ne supporte plus les remarques étonnées et recommandations prévisibles de ses collègues.

Les bonnes fées du bureau lui avaient prédit un prématuré, le surmenage entraînant des contractions. Finalement, l'accouchement dut être déclenché une semaine après le terme, le bébé semblant très satisfait de cet utérus trépidant. Alice ne sait pas ce que c'est qu'une contraction, elle n'en a jamais eu. Elles lui avaient prédit un bébé petit, épuisé par le rythme de vie de sa mère. Joufflu et grassouillet, il pesait plus de quatre kilos à la naissance. Elles lui avaient prédit une dépression *post partum*, prix à payer de son manque de préparation psychologique. La seule dépression notable dans son foyer fut celle du chien Helmut, qui cessa de s'alimenter à l'arrivée de ce concurrent.

Les personnes qui lui avaient conseillé, enceinte, de se reposer, critiquèrent son retour trop précoce quelques semaines après son accouchement. Elle endura dans l'ascenseur les regards noirs de ses collègues, qui ne comprenaient pas qu'on puisse abandonner son enfant aussi vite et mettre ainsi en péril son équilibre psychologique. « Pathétique » était l'adjectif qui revenait le plus sur son compte.

Elle découvrit aussi les joies de l'allaitement au bureau. Trois fois par jour, elle allait à l'infirmerie, où elle répétait soigneusement les gestes appris lors des conférences de la Leche League. Tirer son lait, le conserver au frigo, le transporter dans un sac isotherme, puis recommencer. Quand elle devait se rendre à des réunions importantes en dehors du bureau, sa plus grande angoisse était de trouver un endroit frais pour stocker ses biberons. Bizarrement, elle s'aperçut qu'il existait une société secrète des femmes qui allaitent au bureau, que son cas n'était pas isolé. Avec la complicité des infirmières et des secrétaires, elle réussit à mener à bien cette aventure pendant dix-huit mois dans la plus grande discrétion. Naturellement, un an après son accouchement, à la vue du tire-lait dépassant du sac à main, ses collègues lui reprochèrent de ne pas avoir sevré assez tôt le petit, d'avoir une relation trop fusionnelle avec lui.

Reprenant ses dossiers en main, Alice constata que son voisin de bureau, le gentil garçon qui avait voulu lui épargner tout stress pendant sa grossesse, l'avait, comment dire... légèrement... en fait, totalement écartée du grand projet qui les occupait tous les deux depuis des mois. « Tu n'étais pas là, il fallait bien avancer », lui assena-t-il. Fin de la parenthèse magique et du discours bienveillant et empathique : Alice n'étant plus enceinte, la loi de la jungle avait de nouveau cours. Quand elle demanda à récupérer ses dossiers, son chef lui répondit d'un ton ému et soucieux d'y aller doucement, de passer du temps avec son enfant, de ne pas se fatiguer. Alice s'était absentée à peine trois semaines pour mettre son enfant au monde, et pourtant elle comprit vite qu'elle devrait lutter pour reprendre sa place dans le train. Elle dut se rendre à l'évidence : chez les cadres, il y a peu de postes intéressants, donc une lutte sans merci pour les occuper. Qui va à la chasse perd sa place. Il n'y a aucune raison pour que les hommes vous laissent la leur, ils n'y ont pas intérêt.

Comme elle avait remarqué que ses collègues avaient tous des voitures de fonction pour transporter leurs familles nombreuses, elle demanda à son chef d'en bénéficier également. « Non, avec la crise, tu comprends bien que ce n'est pas le bon moment, tu n'as qu'à t'acheter une Twingo, comme ma femme », lui répondit-il, l'air contrit. Elle avait peut-être fait une grossesse d'homme, mais n'avait droit au final qu'à une voiture de femme.

« Il ne faut pas éviter le combat, il faut l'embrasser », lui ont enseigné ses parents. Alice poursuit sa carrière sans dévier, bien décidée à réussir sa vie sans renoncer à rien. Son garçon est entré à la maternelle et, d'après la maîtresse, il est « parfois adorable, parfois insupportable, comme ses camarades ».

Alice envisage de faire un deuxième enfant, ne compte pas s'arrêter de travailler, et trace sa route sans états d'âme, sans trop se soucier des ricanements de ses collègues.

La morale de cette histoire

Aujourd'hui, au XXIe siècle, il n'est toujours pas possible de vivre sa grossesse comme on l'entend. Personne ne s'offusque qu'un jeune père revienne l'après-midi même de la naissance de son enfant « faire un tour » au bureau, ni qu'un homme cadre du secteur privé sur deux ne prenne pas son congé paternité « pour ne pas abandonner le travail en cours » et « parce que ce n'est pas possible à mon niveau de responsabilité ». Nul ne s'étonne qu'un homme devenu père ne modifie en rien ses horaires et continue à organiser des réunions à dix-neuf heures.

Une femme, elle, doit s'arrêter au minimum seize semaines sous peine de subir l'opprobre général et d'être suspectée d'anormalité. Elle doit choisir entre geler un an de carrière qu'elle ne rattrapera jamais ou être qualifiée de monstre froid, égoïste et calculateur, dénué de sentiment maternel. Dans les deux cas, elle devient un animal intouchable et particulier, qu'il faut soit ménager, soit protéger de lui-même.

N'écoutez que vous-même, n'oubliez jamais que cette grossesse, c'est la vôtre. Pas celle de vos collègues, pas celle de votre chef, pas celle de votre mari. La grossesse n'est pas une maladie, ne vous absorbez pas en elle. L'homme est un roseau pensant, mais la femme aussi, même enceinte.

Pourquoi les filles gagnent moins que les garçons ?

Quelques jours après notre week-end d'anciennes combattantes, je dîne avec Garance, qui n'avait pas pu – ou voulu – venir. Garance est un spécimen hybride, à la fois normalienne et diplômée de HEC ; elle travaille dans une maison d'édition à Paris.

Fille d'universitaires, elle a toujours hésité entre le camp des poètes et celui des marchands. À la fin des années 1960, quand ses parents s'étaient rencontrés sur les bancs de l'École normale supérieure, les professeurs étaient les princes de la République : il n'existait pas de métier plus noble, plus prestigieux. Elle se souvient que, petite, elle avait vu le Tout-Paris intellectuel défiler à la maison, et rechercher leur conversation. Puis, petit à petit, avec l'affaiblissement du rôle de l'État et le succès croissant du modèle de l'entreprise privée, elle avait assisté impuissante au lent déclassement de ses parents. En deux décennies, le pouvoir économique avait vaincu par K.-O. le prestige intellectuel : ses parents n'étaient plus des mandarins, juste des professeurs reconnus, recroquevillés sur eux-mêmes et un peu poussiéreux.

Ses années à HEC avaient eu un goût de dépression, probablement à cause de son histoire familiale, mais pas seulement. À l'époque, elle ne comprenait pas qu'à vingt ans on puisse s'intéresser à des cours de stratégie juridique et fiscale. Passer de Kant à la comptabilité double l'avait plongée dans un abîme de perplexité. Elle était arrivée dans cette école, filière d'excellence, avec une grande confiance dans l'enseignement qu'on lui prodiguerait. Or, des professeurs émérites lui avaient enseigné que l'objectif suprême d'une société, c'était le profit, et celui d'un individu, le confort matériel. Le professeur de micro-économie auquel elle avait confié ses doutes concernant ce paradigme l'avait envoyée voir le psy du campus. Elle ne se reconnaissait pas dans la population de l'école, au cynisme souriant. La vie de campus, ce rouleau compresseur potache, représentait une grande souffrance pour elle, si bien qu'elle faisait deux heures de train par jour pour y échapper et dormir chez elle à Paris. Ce qui l'avait frappée à l'époque, c'était le lien étroit entre l'excellence et le conformisme. « L'école enferme ce troupeau d'élèves brillants dans un endroit clos pour lui délivrer un discours stéréotypé et vide de sens. Puis elle les distrait comme des chevaux de course avec des soirées hebdomadaires alcoolisées où ils noient leur ennui profond. » « Je bois parce qu'il n'y a rien d'autre à faire ici ! » répétaient les plus lucides. Personne ne remettait en cause ce système, à part quelques brebis égarées comme elle, identifiées comme les parias du campus, qui voulaient travailler dans l'humanitaire ou faire du théâtre.

Le jour où elle signa son contrat chez ce prestigieux éditeur fut le plus beau de sa vie.

À peine évoquée la question de sa trajectoire professionnelle, elle se plaint de son salaire de misère, qui n'a pas évolué depuis son arrivée à ce poste il y a sept ans. En effet, le chiffre qu'elle énonce en baissant la voix ne ferait pas envie à un comptable débutant.

Elle pense néanmoins que l'intérêt de son travail compense sa maigre rémunération.

Elle travaille à l'étage des lecteurs-correcteurs, où il n'y a quasiment que des femmes. À l'étage du dessus, celui du comité de direction, il n'y a que des hommes, sauf la directrice des ressources humaines et la responsable du service juridique. « Tu comprends, le job est passionnant, je relis et j'améliore les textes d'auteurs célèbres, j'apprends énormément, je me fais un réseau. Le problème de l'auteur célèbre-mais-qui-n'a-pas-le-temps, c'est qu'il a une armée de stagiaires pour écrire ses livres, donc le style n'est pas homogène, il y a des ruptures de ton, tu dois tout réécrire. Bon, il y a aussi des tâches ingrates, comme quand le Big Boss m'appelle pour me dire : Untel, grand écrivain, voudrait un thé.

– Quand même, tu ne peux pas demander plus ?

– Non, car le patron me le répète en boucle : "Des centaines de candidats rêvent de ce travail et attendent à la porte. Tu as une chance inouïe d'être là, tu as été choisie, on te fait confiance."

– Mais as-tu osé demander ? »

Un temps de réflexion, puis : « Non, j'avoue, je n'ai pas osé. J'ai intégré le fait que j'avais décroché le job dont je rêvais, je ne me vois pas en plus demander de l'argent. Et puis, parler d'argent, dans ma famille, ça ne se fait pas, c'est tabou. Mes parents m'ont appris à ne pas importuner les autres, à ne pas parler fort.

– Et vous êtes tous logés à la même enseigne ? »

Toutes les filles sont payées au même tarif, car le patron ne veut pas faire de différence, ça ferait désordre. Et puis, « si j'en augmente une, elles vont toutes défiler dans mon bureau pour réclamer », avait-il expliqué à sa collègue de bureau, plus téméraire qu'elle.

« Bon, évidemment, il y a Pierre qui gagne beaucoup plus, mais c'est normal, c'est le patron. Et il y a Stéphane, le directeur commercial, mais lui, il a un job "à responsabilité". Pierre me l'a avoué un soir où l'on fêtait le prix littéraire de l'un de nos auteurs, et où l'alcool l'avait rendu plus bavard que d'habitude, il n'embauche que des filles : soit elles ne demandent rien, soit elles se plaignent du coût de la vie, mais jamais de leur salaire. Elles aimeraient gagner plus, car elles doivent payer la nounou, le loyer, les vacances. Les hommes, non. Ils veulent gagner plus, car ils estiment qu'ils le méritent.

« Pierre me convoque souvent à des réunions où il s'exprime à ma place, en ma présence. "Garance est d'accord avec moi, ce manuscrit ne vaut pas un clou", affirme-t-il à propos d'ouvrages que j'ai à peine lus.

– Et tu n'as pas envie de quitter cette entreprise pour tenter ta chance ailleurs ?

– Non, je serre les dents et je me dis qu'à force de bien faire, cela finira par se voir. Et si je n'ai rien cette année, l'année prochaine, c'est promis, je demande. J'ai quand même des évaluations formidables : Pierre a écrit que j'étais une chic fille, professionnelle et consciencieuse. »

Garance a entièrement réécrit le manuscrit d'un écrivain-journaliste célèbre qui a couru tous les plateaux de télé pour vanter les mérites de son livre, qui s'est vendu à plus de 60 000 exemplaires. Qui a dit que, dans l'ombre de tout homme célèbre, il y a une femme ?

La morale de cette histoire

L'augmentation, chez les filles, c'est comme le bonheur chez Kant. Il faut faire son devoir, sans rien demander, sans espoir, et l'augmentation viendra (peut-être) par surcroît. Alors oubliez Kant, demandez, vous serez surprise de l'effet que cela produit.

Seules 7 % des femmes négocient leur premier salaire, contre 57 % des hommes. Dès votre sortie de l'école, ne faites pas de compromis, n'acceptez pas une situation qu'on ne proposerait pas à un camarade homme, un statut de non-cadre, un salaire inférieur. Ne partez pas perdante dès le premier poste, car le retard que vous prenez à ce moment-là ne sera jamais rattrapé. Renseignez-vous sur les conditions négociées par vos copains de promo et exigez la même chose. Et n'arguez pas du fait que c'est la crise et que vous n'avez pas vraiment le choix.

« C'est le bébé qui braille le plus qui tète le plus », dit un proverbe africain. Le pire est de refouler, de se résigner et de développer ainsi une attitude passive-agressive, qui vous pénalisera encore plus à l'heure des augmentations.

Les réseaux de femmes aident-ils les femmes ?

Lassée d'attendre une promotion qui ne venait pas, Garance décida un jour de s'impliquer dans les réseaux féminins. Elle lisait régulièrement dans la presse que, pour réussir, il fallait avoir un carnet d'adresses, des relations, des soutiens. Elle se tourna vers les réseaux de femmes d'influence avec le vague espoir que l'une d'entre elles la remarquerait, la prendrait sous son aile, lui prodiguerait conseils et encouragements, et, pourquoi pas, lui proposerait un job en or.

En quelques mois, elle assista donc à une dizaine de conférences de psychanalystes, de coachs en image et même de clowns sur des sujets aussi variés que « apprendre à se relaxer en toute circonstance », « être fidèle à soi-même dans le monde du travail », « le bonheur, ça se travaille » ou encore « résoudre les conflits grâce à l'apport des valeurs féminines ». Elle fut invitée parmi d'autres femmes à débattre de questions métaphysiques comme « comment parler de son travail à ceux qu'on aime », « être plus heureux dans sa vie professionnelle grâce à la communication non violente » ou encore « que dit-on de soi à travers ses vêtements ? ».

Souvent, ces conférences se transformaient en séances de thérapie collective, où des femmes malheureuses dans leur entreprise, ou au chômage, venaient exprimer leur colère. Garance y croisa aussi des femmes au foyer, qui venaient « rencontrer d'autres femmes pour rompre la monotonie du quotidien ». Elle ne vit pas de femmes d'influence, mais beaucoup de femmes en souffrance, pour lesquelles un abonnement chez le psy eût été plus approprié. Une conférence en particulier fit un véritable tabac. Elle était consacrée à un vibrant éloge des « mompreneuses », contraction de « maman » en anglais et d'« entrepreneur », terme utilisé pour désigner ces jeunes mères qui, avec l'expérience de la maternité, découvrent leur énergie créatrice et fondent leur propre entreprise. Parmi les jeunes femmes qui témoignaient, l'une avait lancé une marque de savon bio, la deuxième une ligne de bijoux, et la troisième une boutique de vêtements pour femmes enceintes. Une autre parla longuement de son projet de vendre en ligne des doudous customisés.

Garance ne se passionnait guère pour ces sujets, elle n'était pas mère, se sentait donc un peu exclue de ce cercle, et, pour la première fois de sa vie, elle regretta de ne pas être un homme. Elle se demanda si les réseaux masculins infligeaient aussi à leurs membres des conférences sur la relaxation ou le bien-être au travail. Elle interrogea un garçon de sa promotion, féru de réseaux, qui lui raconta qu'il assistait à des discussions sur la crise financière, l'avenir de la banque en ligne ou les clés d'une expatriation réussie. Le bien-être et la fidélité à soi-même n'étaient pas au programme.

Garance fut conviée un soir par son réseau de femmes au défilé privé d'un grand couturier avenue Montaigne. Elle se mélangea aux deux cents *executive women* qui attendaient sagement le début du show. Elle tenta de se souvenir quand, pour la dernière fois, elle s'était retrouvée dans une vaste assemblée exclusivement féminine. Cela devait être dans le vestiaire du gymnase de son lycée, au siècle dernier.

Quand les mannequins s'élancèrent en maillots de bain rose fluo et mini-short à lacets, Garance constata que leur style vestimentaire contrastait fortement avec celui des spectatrices, toutes en tailleur anthracite gris, chemisier blanc, chaussures plates. Les mannequins se déployaient majestueusement, droites comme des *i*, devant un public de femmes légèrement voûtées, les épaules en avant, comme toutes les anciennes bonnes élèves.

Elle trouva le défilé magnifique, mais elle qui était fière de faire du 38 se sentit tout à coup énorme devant ces créatures au format cotons-tiges. « La circonférence de ses cuisses équivaut à celle de mes bras », lui souffla sa voisine, ingénieur de formation, à propos d'un mannequin. À la fin du défilé, la directrice de la boutique prit le micro, remercia les jeunes femmes présentes et les invita à sortir leur carte bleue (qui était Gold pour la plupart, Platinum pour les plus chanceuses).

« La boutique est à vous, mesdames, profitez-en ! » lança-t-elle avec un sourire carnassier.

Garance s'apprêtait à partir discrètement quand elle vit ses camarades se ruer sur des tongs en plastique à 450 euros pièce et sur le fameux mini-short à lacets de la collection croisière, dans lequel n'importe quelle fille non anorexique prend le risque de ressembler à un gigot ficelé.

Garance trouva étrange de voir ces femmes brillantes, indépendantes économiquement, s'infliger l'achat de chaussures et de vêtements importables. Autant d'intelligences individuelles annulées par une grand-messe de consommation collective, cela lui donnait la nausée. Pas une grande différence, finalement, avec les femmes entretenues qu'elle croisait régulièrement dans ce quartier de boutiques de luxe, noyant leur ennui dans des concours de shopping. Ah si, c'est vrai, les femmes d'affaires, elles, ont leur propre carte Gold. Vive l'émancipation !

Un mois plus tard, le réseau de Garance l'invita à l'ouverture de la boutique Pierre Hermé, « le Picasso du chocolat », à Londres. Garance y vit à nouveau des femmes de pouvoir évacuer leur stress en se jetant cette fois-ci non pas sur des tongs, mais sur des macarons à la crème brûlée.

Un soir de printemps, elle renonça à se rendre à une conférence intitulée « Voyage au cœur de la haute joaillerie : tradition, transmission et globalisation ». Elle n'avait jamais rêvé de porter un collier de diamants.

La fréquentation des réseaux de femmes avait permis à Garance d'améliorer ses connaissances en psychologie féminine, en mode et en confiserie. Ce n'était pas vraiment son objectif de départ. Elle avait l'impression que les réseaux de femmes étaient ce que le conseiller d'orientation est au lycéen motivé ou le DRH au salarié ambitieux : une oreille bienveillante, mais inutile. Elle laissa tomber les réseaux de femmes au profit de réseaux d'anciens élèves sur les sujets qui la passionnaient : l'économie, l'édition, les médias. Elle trouva qu'on respirait mieux dans la sphère des hommes ou, au moins, dans un univers mixte.

Lors d'un voyage à Pékin organisé par le réseau international, elle rencontra un chasseur de têtes qui l'introduisit auprès d'un de ses clients, éditeur, qui cherchait un directeur de collection. Elle réussit les entretiens et décrocha le job après avoir pris soin de négocier fermement son nouveau salaire.

« J'ai parfois le sentiment d'être une usurpatrice, de ne pas mériter ce nouveau poste. Je gagne deux fois plus qu'avant, alors que mes responsabilités sont à peu près les mêmes. Au bureau, le jour, je vois bien que je suis à ma place, que je fais avancer les choses, que mon équipe m'apprécie. Mais, la nuit, je rêve que je suis démasquée, et qu'on vient m'enlever ce beau cadeau qu'on m'a fait. Et je me réveille en tremblant, la peur au ventre. Ce sentiment d'usurpation, je le traîne depuis l'enfance. Je suis convaincue que l'école ne m'a pas bien préparée à la vie professionnelle. J'ai remarqué qu'aux États-Unis de plus en plus de femmes diplômées, issues d'une culture laïque, choisissent de scolariser leurs filles dans des écoles non mixtes. Melina Gates, femme de Bill, a mis sa fille dans une école de filles à Seattle. "Il n'y a pas de garçons pour les étouffer, pour parler à leur place. Elles doivent s'affirmer, elles n'ont pas le choix", dit Hillary Clinton, elle-même issue d'une université privée réservée aux filles, Wellesley College, dont la devise est *Non ministrari, sed ministrare* (Ne pas être gouverné, mais gouverner). C'est un comble pour tous ceux qui se sont battus pour la mixité à l'école. Ma mère a passé toute son enfance dans un pensionnat de filles dans les années 1950, et la description qu'elle en fait ne ressemble pas exactement à un lieu d'émancipation et d'affirmation de soi... »

La morale de cette histoire

Entretenir son réseau, c'est sacrifier du temps (de loisir, de travail, de vie de famille) pour un résultat incertain. Je connais peu de femmes qui préfèrent se rendre à un dîner mondain plutôt que de lire un bon roman. Autant que ce temps soit bien employé et efficace. Oubliez les réseaux de filles pour faire progresser votre carrière. Ils sont utiles pour partager ses souffrances et échanger des expériences, pas pour trouver un job. C'est peut-être difficile de se l'avouer, mais les réseaux de pouvoir sont des réseaux aujourd'hui encore essentiellement masculins : c'est donc ceux-là qu'il faut infiltrer. Rendez-vous visible auprès de ces réseaux, et exprimez-vous – vos collègues hommes ne s'en privent pas.

Les start-up sont-elles réactionnaires ?

Ariane avait atterri à HEC « par défaut », comme elle le dit elle-même, car elle n'avait ni la bosse des mathématiques qui lui aurait ouvert la porte des écoles d'ingénieurs, ni le talent littéraire pour entrer à Normale Sup. Elle voulait faire des études de droit, mais son prof de maths de terminale avait dit à ses parents : « Il faut qu'elle fasse une prépa, ça lui donnera de la méthode. »

Dotée d'un esprit vif et papillonnant, elle s'intéressait à tout, s'enthousiasmait pour tout, pensait avoir trouvé sa voie à chaque nouvelle rencontre ou expérience, avant de tout remettre en question et de passer à autre chose.

Elle n'était pas du tout attirée comme ses camarades par la finance ou le conseil en stratégie, univers beaucoup trop froids et rationnels à son goût. Elle voulait de l'aventure, du souffle, du frisson, participer à un grand projet collectif qui la passionne et la dépasse.

Internet fut ce grand projet. Ariane arriva sur le campus en 1997, quand gonflait la première bulle. Les étudiants achetaient les premiers téléphones portables, des Nokia ; ils échangeaient leurs numéros, mais ne savaient pas bien quoi en faire, vu qu'ils se voyaient toute la journée. Ils découvraient le web avec fascination sur les ordinateurs des salles du bout du couloir et avaient l'impression d'être des pionniers. À l'époque, n'importe quel projet de site web élaboré par des étudiants désœuvrés sur le campus atterrissait sur le bureau de banquiers d'affaires du VIIIe arrondissement de Paris.

Avec Charles, camarade de promotion, Ariane imagina et rédigea un concept de site d'information sur PowerPoint, construisit un business-plan en prenant soin d'ajouter quelques zéros à la fin de chaque chiffre-clé, et alla présenter son idée aux banquiers, qui trouvèrent cela formidable.

Elle était un peu abasourdie par l'enthousiasme que suscitait le projet de deux étudiants inconnus et totalement inexpérimentés chez des professionnels aguerris. « Ce qui compte, c'est d'avoir l'air compétent, pas d'être compétent », lui répétait Charles, euphorique, entre deux rendez-vous, quand elle avait le vertige. « La prochaine étape, c'est l'introduction en Bourse », fanfaronnait-il dans la 206 diesel qui les ramenait sur le campus.

« On demandait un million, on vous en proposait cinq », raconte Ariane, qui n'en est toujours pas revenue, « c'était magique ! ». Elle a gardé sa collection de trophées : les dizaines de cartes de visite des investisseurs qu'elle croisait lors des fameuses soirées « First Tuesday », ces *speed dating* de la nouvelle économie, où les apprentis entrepreneurs avaient quelques minutes, le premier mardi de chaque mois, pour vendre leur projet à des banquiers en mal de sensations fortes, à qui l'aventure du web donnait une nouvelle jeunesse. Elle se souvient de la couleur des pastilles : jaune pour les jeunes créateurs qui avaient un projet à vendre, vert pour les *business angels* qui avaient de l'argent. Ce concept d'« ange des affaires », magnifique oxymore, l'inquiétait légèrement. Mais le champagne coulait à flots et la fête était belle. On écoutait de la house, pure ou mêlée de hip hop et de techno. Au cours de ces soirées, il était fréquent qu'un bruissement parcoure la salle pour annoncer l'arrivée de tel ou tel génie du web de vingt-deux ans qui ne se déplaçait qu'en Concorde. Quand ces nouveaux gourous, portant tee-shirts à message abscons et barbe de trois jours, étaient enfin dans la place, c'était l'émeute, chacun tentant de les toucher ou de les photographier, avant qu'ils ne retombent dans l'oubli, non sans avoir brûlé des millions d'euros en quelques mois. À l'école, certains se promenaient dans les couloirs des chèques à la main. « On avait l'impression qu'il y avait de l'or sous nos pieds et qu'il suffisait de se baisser et de ramasser. » Le jeune était la nouvelle idole, on lui demandait son avis sur tout, il était invité à l'Élysée, où il se rendait avec son sweat à capuche, et dans les débats télévisés, où on l'écoutait comme un oracle. « À l'avenir, ce ne sont plus les gros qui mangeront les petits, mais les rapides qui avaleront les lents », prophétisait le PDG de Cisco, société californienne qui faisait alors rêver les étudiants sans qu'ils sachent exactement ce qu'elle produisait. Les magazines regorgeaient de pages de publicité pour des sites au nom improbable.

Ariane se souvient du regard perdu de son père, ingénieur chez EDF, lorsqu'elle lui annonça que son projet, rédigé en quelques minutes à la cafétéria du campus, était valorisé à plusieurs millions de dollars par les banquiers.

Son père qui lui avait appris le sens de l'effort, du travail, de la rigueur, « qu'on n'a rien sans rien », et qui tout à coup semblait dépassé par ce nouveau monde. Ariane fait partie de cette génération bénie qui passa son mois de juin à refuser des offres d'emploi. Elle se rappelle avoir ainsi dit non à une offre de L'Oréal et à une autre de la SNCF. « Tu comprends, papa, travailler dans un grand groupe, c'est ringard ; les start-up, c'est l'avenir. » Ses camarades partaient tenter leur chance dans la Silicon Valley. « Palo Alto fut pour notre génération l'équivalent de Katmandou dans les années 1970. On ne savait pas exactement où se situait la ville sur une carte ni ce qu'on allait y trouver, mais c'était là-bas que cela se passait. Internet fut notre utopie. » Elle garde un souvenir ému de cette période où la jeunesse, l'aplomb et quelques idées suffisaient à ouvrir toutes les portes.

Au lieu de rejoindre un grand groupe, Ariane participa donc à la création du site d'information qu'elle avait imaginé avec Charles un soir d'ennui mortel sur le campus. Elle n'était pas associée au capital de l'entreprise ; c'est Charles qui s'était occupé de rédiger les statuts, et s'était attribué la majorité du capital, aidé par son père, lui-même entrepreneur à succès. Charles avait le titre de président et lui avait proposé celui de directrice générale, ce qui lui semblait déjà énorme du haut de ses vingt-deux ans. Elle appréciait le fonctionnement non bureaucratique de cette jeune société. « On se tutoyait, on se faisait la bise le matin, on allait bosser en jean, c'était la belle vie. Il n'y avait pas vraiment de hiérarchie, on était tous membres du comité de direction, chacun pouvait s'exprimer sans prendre de gants. Certes, nous n'étions pas bien payés, et nous nous entassions à vingt dans un appartement sans climatisation. Mais nous avions la chance de travailler entre amis, ça n'a pas de prix. » Ariane passait sa vie au bureau et ne prenait pas de vacances. « Je n'avais pas de contraintes, et l'impression de vivre une aventure passionnante ! »

Au bout de trois ans, elle faisait figure de pionnière dans l'équipe. Toutes les décisions du quotidien passaient par elle, du recrutement des équipes à la stratégie commerciale. N'ayant pas de bureau individuel, elle faisait passer des entretiens d'embauche au café du coin, dans une ambiance décontractée, entre deux blagues du serveur. De toute façon, elle recrutait essentiellement des stagiaires ou des contrats précaires, car il fallait injecter en permanence du sang neuf dans l'équipe. « Tout le monde travaillait tard et beaucoup la semaine, et on organisait une grande fête dans les couloirs tous les jeudis soir, en souvenir des mémorables soirées du jeudi de Jouy-en-Josas. »

Charles, le président et actionnaire, avait donné à Ariane la consigne de ne recruter que des filles. « J'adore bosser avec des filles, elles sont plus travailleuses, et puis c'est quand même plus agréable à regarder », disait-il, goguenard. Plus précisément, il voulait des filles dans les postes marketing, juridiques et éditoriaux. Mais les postes qui nécessitaient une compétence technique importante, comme l'informatique, ou une responsabilité forte, comme la finance, étaient dévolus à des garçons. « J'aimerais ne recruter que des filles, mais, dans les postes techniques, on n'en trouve pas », se défendait-il. C'est à peu près la même phrase qu'a prononcée treize ans plus tard le ministre de l'Agriculture de François Hollande pour justifier la faible féminisation de son ministère.

Charles était à la fois le patron et l'ami d'Ariane. Il lui narrait par le menu les détails de sa vie amoureuse et exigeait qu'elle fasse de même. Au cours de ces années, elle avait eu plusieurs propositions pour rejoindre d'autres start-up et faire progresser sa carrière et son salaire. Elle en avait parlé à Charles qui, à chaque fois, lui avait répondu non sans émotion : « Tu ne peux pas me faire ça, après tout ce qu'on a vécu. On est une famille, on ne quitte pas sa famille. »

Les années passant, Charles déléguait de plus en plus de tâches à Ariane, il n'y avait guère que les comptes de l'entreprise auxquels elle n'avait pas accès. Au début, elle lui demandait régulièrement quelle était la situation financière de la société, ce à quoi il répondait invariablement qu'elle était fragile et l'avenir incertain. Il lui avait même expliqué qu'il ne se versait pas de salaire, préférant investir dans l'entreprise. « L'argent n'est pas mon moteur, je pourrais gagner beaucoup plus dans une banque. Ce qui m'importe, c'est de créer quelque chose, d'innover. » À dire vrai, elle le voyait de moins en moins, car il passait son temps en dehors du bureau à rechercher un partenaire stratégique, un grand groupe ou une banque qui viendraient apporter des fonds pour aider l'entreprise à grandir.

Ariane contribua largement au succès de ce site, enfin profitable au bout de six ans.

Un jour, Charles, triomphant, annonça qu'il avait trouvé un partenaire financier prêt à investir dans l'entreprise pour accélérer sa croissance. En réalité, il avait revendu ses parts à un fonds d'investissement pour une somme restée confidentielle, mais qui lui donnait le sourire, et décidé de quitter la société pour créer autre chose ailleurs.

Lors de son pot de départ, Charles parla longuement de ce site qu'il avait lancé « dans la solitude », « alors que personne n'y croyait », et dont il était fier aujourd'hui. Il remercia les nouveaux acquéreurs qui lui avaient permis de réaliser son rêve d'adolescent : s'acheter un bateau et partir au large plusieurs mois. Il remercia son père, qui lui avait prêté de l'argent pour démarrer l'aventure. Il n'eut pas un mot pour Ariane ni pour le reste de l'équipe.

Les nouveaux actionnaires souhaitèrent mettre en place une équipe plus professionnelle, plus organisée, et en finir avec l'épicerie des débuts. Ils expliquèrent à Ariane qu'elle avait un profil « trop fouillis », qu'elle faisait un peu tout et n'importe quoi, qu'elle manquait de compétences distinctives. Ariane quitta l'entreprise et se retrouva sur le marché du travail en même temps que le flot des déçus de la nouvelle économie. Elle cherche depuis un nouveau projet qui l'enthousiasme. À ce jour, elle n'a jamais revu Charles.

La morale de cette histoire

Les start-up ne constituent pas un paradis pour les femmes. Le 8 juin 2010, Nicolas Sarkozy recevait à l'Élysée dix blogueurs influents pour parler d'internet. Il n'y avait aucune femme.

Dans *The Social Network*, le film consacré à la saga Facebook, Mark Zuckerberg répartit les fonctions entre les hommes dans sa petite chambre d'étudiant à Harvard : directeur financier, directeur technique… Et les femmes, elles font quoi ? « Rien », répond sans hésiter le fondateur de Facebook.

Chez Microsoft, quand une nouvelle filiale est ouverte dans un pays, l'encadrement compte de nombreuses femmes. Dès que l'entreprise grandit, les femmes disparaissent et les hommes rappliquent.

Les nouvelles technologies ont peut-être changé le monde, mais le monde n'a pas changé ses règles de fonctionnement.

Pascal disait : « Nous courons sans souci dans le précipice, après que nous avons mis quelque chose devant nous pour nous empêcher de le voir. » Ne foncez pas tête baissée dans le précipice, faites usage de votre raison et de votre liberté, et agissez en connaissance de cause.

Et gardez vos distances avec votre chef, fût-il un camarade de promotion, surtout s'il est un camarade de promotion. Comment voulez-vous être prise au sérieux lorsque vous demandez une augmentation à quelqu'un qui, en plus d'être votre patron, est votre psy, votre confident, voire un substitut de votre père ?

Faut-il être belle pour réussir ?

Cette question n'est pas abordée dans les écoles de management et peut paraître choquante. Pourtant, toute femme qui démarre sa carrière fait tôt ou tard l'expérience d'être évaluée selon des critères physiques. Ainsi, lorsque Marie, notre Miss HEC, jeune diplômée, passa ses premiers entretiens d'embauche, un chasseur de têtes lui demanda le plus sérieusement du monde :

« Vous avez de très jolis yeux, mais pourquoi donc ne les mettez-vous pas en valeur ? »

À cette question métaphysique, le chasseur n'obtint pas de réponse. Marie s'était entraînée à répondre à toutes sortes de questions de culture générale. Elle avait suivi les enseignements des meilleurs professeurs de management, mais personne ne lui avait dit, toute Miss HEC qu'elle était, qu'il fallait mettre en valeur ses yeux pour décrocher un job. Un cours de maquillage d'une heure chez Chanel lui eût sûrement été plus utile. Alors qu'elle cherchait une réponse appropriée à cette déroutante question, elle se souvint des Mardis gras de son enfance, quand ses parents la déguisaient en princesse et son frère en chevalier. Sur les photos de cette époque, son frère prend la pose avec une épée et elle avec un diadème. Personne ne lui demandait de se défendre, mais simplement d'être jolie. En y repensant, elle aurait préféré l'épée.

Lors de notre week-end normand, nous avons retrouvé Sarah, revenue tout spécialement de Bombay où elle vit aujourd'hui. Sarah était une travailleuse acharnée, polyglotte, cumulant les diplômes. En plus de ses cours à HEC, elle était inscrite en maîtrise de droit et apprenait l'ourdou à l'École des langues orientales. Elle était passionnée par l'Inde depuis un stage après son bac et y retournait chaque année parce que, là-bas, elle se sentait chez elle, quoique née dans une famille de médecins, angevins depuis plusieurs générations. Elle avait une particularité physique : quelques kilos en trop – disons quelques dizaines de kilos –, comme sa mère et sa grand-mère avant elle, elle n'y pouvait pas grand-chose, c'était génétique. Elle avait essayé tous les régimes de la terre, jusqu'à partir un mois en cure loin de ses parents à l'âge de douze ans, sans succès. Cela ne l'avait pas gênée pendant ses études : on remarquait cette particularité, puis on l'oubliait vite, sa personnalité charismatique emportant l'adhésion des autres élèves et le respect des enseignants.

Son père avait interdit à sa mère de travailler, « parce que dans leur milieu de médecins de province, dans les années 1970, les épouses ne travaillaient pas ». Ayant souffert de cette situation, la mère avait fait promettre à sa fille d'être indépendante financièrement, de ne jamais dépendre de personne.

À sa sortie de HEC, Sarah fut embauchée comme chef de produit par une entreprise de cosmétiques. Elle réussit à se distinguer lors du lancement d'une crème de soin pour le visage qui se plaça immédiatement dans le tiercé des meilleures ventes du marché. C'est elle qui avait eu l'idée du nom de la crème et avait su l'imposer en interne.

Assez naturellement, au bout de deux ans, elle demanda une promotion. Sa supérieure lui promit de la soutenir dans sa démarche et de défendre son cas lors de la réunion annuelle d'évaluation des jeunes talents. Mais la réunion ne se passa pas tout à fait comme elle l'espérait. Lorsque, sûre de son fait, elle demanda une promotion pour Sarah, son patron la regarda en souriant, l'air un peu gêné, et finit par dire :

« Oui, elle a du potentiel, mais elle se laisse aller, elle ne peut pas incarner l'image de notre groupe. N'oublie pas qu'on vend du rêve et du glamour à nos clients ! »

Sarah n'obtint pas sa promotion et quitta l'entreprise quelques mois plus tard. Elle décida de partir en Inde, où elle fut embauchée immédiatement par un groupe pharmaceutique, puis débauchée par le groupe concurrent. Elle poursuit aujourd'hui son ascension dans ce pays.

Une anecdote lui avait été rapportée par son ancienne supérieure, et la voix de Sarah vibre étrangement en la racontant. Quelques mois après son départ, lors d'une nouvelle session d'évaluation, une promotion avait été proposée pour un jeune homme très brillant, mais là encore doté d'une corpulence au-dessus de la moyenne. Cette fois-ci, son patron avait déclaré, l'air grave :

« Il a des résultats remarquables, mais une hygiène de vie déplorable. Je suis inquiet pour sa santé : un jour, il va en crever. »

Le jeune homme obtint sa promotion et fut nommé chef de groupe, puis directeur marketing. Aujourd'hui, personne ne parle de son poids dans une société où l'on passe ses journées à imaginer des crèmes anticellulite. Au contraire, le poids chez un homme donne une stature de chef de tribu, un supplément d'autorité. Le chef doit « en imposer physiquement » aux autres. D'ailleurs, il est fréquent de voir des hommes de pouvoir se délester comme par magie de leur embonpoint dès lors qu'ils quittent leur entreprise, se séparant ainsi d'un attribut devenu superflu. Une fois débarrassé du fardeau de la direction du Parti socialiste, François Hollande a perdu vingt kilos et entamé une transformation physique spectaculaire qui l'a conduit au pouvoir. Parvenu au sommet de l'État, il semble aujourd'hui faire le chemin inverse et reprendre son embonpoint.

Dans l'entreprise, si un homme a des kilos en trop, on s'inquiète pour son cœur, pour ses artères, pour son foie. On redoute l'infarctus, la crise cardiaque.

Une femme, non. On pensera simplement qu'elle se laisse aller, se néglige, ne se contrôle pas, représente mal le dynamisme de l'entreprise.

Dans une entreprise, femme et obèse, cela fait deux stigmates qui se cumulent et se renforcent. Parvenir à s'élever dans la hiérarchie relève alors du miracle. Sarah avait réussi à gravir tous les échelons en Inde parce que la corpulence n'y était pas un problème – bien au contraire, c'est un signe de richesse et de pouvoir.

À l'opposé, il y a Axelle, née dans un tout petit village alsacien « qui n'est même pas dans le GPS », dont le rêve, bien avant l'avènement de la téléréalité, était de passer à la télévision, d'avoir sa photo dans les journaux, d'être célèbre coûte que coûte. Dans les années 1980, les petites filles ne rêvaient pas encore de devenir mannequins, comme dans les années 1990, ni chanteuses, comme dans les années 2000. Elles voulaient être présentatrices à la télévision. C'était la grande époque de Récré A2, puis du Club Dorothée. À l'âge de six ans, Axelle avait annoncé à ses parents : « Je veux habiter à TF1 ! »

Axelle avait réussi à entrer à HEC grâce à des notes exceptionnelles à l'oral, où elle avait utilisé des talents de comédienne qu'elle entretenait depuis l'enfance. Axelle a compris très tôt qu'être la meilleure en classe, c'était bien, mais pas suffisant pour travailler à la télévision, et que, le monde des médias étant gouverné par les hommes, mieux valait comprendre leur fonctionnement et s'adapter à leurs attentes. Elle a adopté une panoplie sur mesure : régime drastique pour entrer dans des pantalons taille 36, bronzage californien même en hiver, dents blanches, cheveux lisses et talons de douze centimètres minimum. Son livret A n'y a pas survécu, mais ça valait la peine puisqu'elle a décroché très vite un stage, puis un job à la télévision. Elle a tout fait : la météo, les remplacements, les journaux de nuit que personne ne veut faire, le faire-valoir d'un animateur célèbre. En parallèle, elle a fait de sa vie une saga passionnante qu'elle raconte sur Facebook et Twitter à une horde de fans et de followers. Mariage fastueux avec un avocat, lune de miel à Zanzibar, emménagement dans sa maison de l'Ouest parisien, choix des peintures (taupe pour la cuisine, ocre pour le salon), divorce, déprime, *love story* avec un musicien lauréat de la Nouvelle Star, réconciliation avec l'avocat, nul détail de cette destinée palpitante n'échappe à la communauté des accros d'Axelle. « Je suis ma propre campagne de communication », nous dit-elle, pas mécontente de son parcours. Axelle est une adepte assumée du *self-branding*. Elle n'attend pas de l'entreprise qu'elle développe sa carrière, elle ne compte que sur elle-même, sur sa capacité à se réinventer en permanence et à transformer ses échecs en une belle histoire.

Elle se définit aussi comme appartenant à une génération « post-féministe », qui peut être à la fois futile et cultivée, sérieuse dans le travail et délurée dans la vie. « Cette idée que, parce qu'on aime les sacs à main et les chaussures, on est forcément des bécasses, c'est dépassé. Est-ce que les hommes qui aiment les montres et les bagnoles sont tous des abrutis ? »

Publicité vivante pour les magazines de mode, elle ne néglige aucun détail vestimentaire et se construit au fil du temps une silhouette de plus en plus pointue : chaussures Christian Louboutin (« mon Dieu à moi »), pantalon noir ultra-moulant Isabel Marant (« le noir, c'est la base »), petite veste déstructurée mais pas trop, reconnaissable uniquement par les connaisseurs.

Pour les sociologues des magazines féminins, elle incarne le courant des néo-courtisanes. « Nos mères ont travaillé et tout sacrifié pour obtenir les mêmes postes que les hommes. Puisqu'elles ont échoué, autant revenir aux fondamentaux, la séduction, le charme, l'habileté, pour progresser. » Mais attention, Axelle n'est pas une amazone prédatrice, prête à tout pour réussir. Elle rassure les hommes de pouvoir, n'entre pas en compétition avec eux, ne joue pas sur leur terrain, elle les cajole et les console. Elle n'est que douceur et compliments. « Si une femme aussi jolie travaille avec moi, c'est forcément que je suis moi-même toujours beau, séduisant, pas si vieux que ça », doivent penser les rédacteurs en chef aux tempes grisonnantes qu'elle a croisés sur sa route. « Finalement, c'est simple, un patron attend de moi que je ressemble à sa femme, en plus jeune quand même, compréhensive, attentionnée, et toujours admirative. »

Axelle a fait sienne la devise de Christine Lagarde : « Les hommes, c'est pas compliqué : celui qui est beau, tu lui dis qu'il est intelligent ; celui qui est intelligent, tu lui dis qu'il est beau. » En résumé, ayez toujours l'air de soutenir votre patron. Et ne refusez jamais une promotion sous prétexte que « vous devez y réfléchir ». Acceptez, vous réfléchirez plus tard.

« On me confie des responsabilités sur des sujets que je ne maîtrise pas, je fonce et je réfléchis après. Je n'ai pas le temps d'attendre. Tant que je gagne, je joue ; jusqu'ici, tout va bien. » Son dernier poste connu est celui de chroniqueuse dans une émission dite culturelle sur une chaîne du câble. Quand les audiences (microscopiques) de son émission sont tombées, au lieu de se mortifier, Axelle est partie à Ibiza passer le week-end « dans une villa sublime prêtée par un ami publicitaire ». Son émission n'a pas survécu à la nouvelle grille de rentrée de la chaîne et elle cherche aujourd'hui à rebondir. Sur sa page Facebook est toujours inscrite sa devise fétiche : « Plus tard, c'est trop tard. »

La morale de cette histoire

Françoise Giroud disait que la femme serait vraiment l'égale de l'homme le jour où, à un poste important, on désignerait une femme incompétente. Incompétente et laide, pourrait-on ajouter. Ce jour-là n'est pas encore arrivé.

Daniel Hamermesh, un professeur d'économie américain, auteur du livre *Beauty pays. Why attractive people are more successful*, a établi une corrélation entre beauté et salaire. La laideur diminue le salaire horaire de 9 % chez les hommes et de 14 % chez les femmes, et même de 17 % pour les femmes à l'indice de masse corporelle supérieur à la moyenne.

Pour progresser, il ne faut pas nécessairement être un canon de beauté, mais il faut faire semblant d'être dans la norme, donner l'image de la maîtrise de soi. Être soi-même, mais sous contrôle.

Cela dit, Daniel Hamermesh précise, paraphrasant Stendhal : « La beauté est la promesse du bonheur, ce n'est pas le bonheur. La beauté est juste une des choses parmi beaucoup d'autres qui expliquent ce que vous êtes et comment vous vous en sortez. Alors mettez surtout en avant vos talents, quels qu'ils soient. »

La femme alibi
parmi les femmes trophées

À HEC, Chloé était une élève discrète et timide, toujours au fond de la classe, jamais pressée de se faire remarquer. Très douée en mathématiques, elle n'avait besoin ni de crayon ni de papier, sa mémoire photographique lui suffisant amplement à retenir les équations les plus compliquées. Tous ceux qui étaient allergiques aux cours de finance de marché comptaient sur elle pour résoudre les problèmes et diffuser la solution à tout l'amphithéâtre lors des examens.

Elle était ce qu'on appelle couramment « un petit génie », mais en était à peine consciente. Au lycée, quand elle tentait de justifier des notes inférieures à seize sur vingt, son père, ancien général d'armée, lui disait, citant Churchill : « Ne fais pas de ton mieux, fais juste le nécessaire. » Le nécessaire, c'était le sans-faute, l'excellence, la perfection. À la maison, elle n'avait jamais reçu beaucoup de compliments et, depuis, elle s'en méfie : ce n'est pas naturel, un compliment, ça cache quelque chose.

Chloé travaille depuis dix ans dans le conseil en stratégie. À trente-six ans, elle occupe un poste de manager, niveau intermédiaire entre celui de consultant de base (grouillot qui travaille jour et nuit avec l'espoir de monter dans la hiérarchie) et celui d'associé (ancien consultant puis manager qui a réussi à atteindre le sommet, et peut enfin se consacrer à ce qui compte vraiment : jouer au golf avec les clients). Spécialisée en finance, elle participe à de gros projets de fusions et acquisitions. Comme dit son chef Christophe : « C'est très rare pour une femme d'arriver à ce niveau, tu peux en être fière. » Fière, elle l'est aussi de son petit garçon de deux ans.

Régulièrement, elle retrouve ses collègues pour des *team dinners* (dîners d'équipe) ou des *summer retreats* (week-ends de détente au soleil). Cela ne lui est jamais venu à l'esprit d'y emmener son conjoint. Ses collègues passent l'essentiel de leur temps à raconter par le menu des anecdotes savoureuses sur leurs clients, ou à détailler les postes qu'on leur a proposés et qu'ils ont déclinés par amour de la firme. D'ailleurs, son mari ne pourrait pas venir : il est aussi consultant, toujours entre deux avions, et dans le couple on veille à ce que le petit ait toujours droit à au moins un de ses parents. Ses collègues, eux, viennent toujours à ces événements avec leurs femmes. Aux États-Unis, on appelle ces femmes de cadres supérieurs des *trophy wives*, des femmes trophées. Une espèce très rare qu'on ne rencontre jamais dans la vie réelle. Elles ne sont pas femmes au foyer, non, ce serait dégradant. Elles ne sont pas non plus salariées dans une entreprise, car elles tiennent à rester libres. Elles sont artistes. C'est fou, la surreprésentation des artistes chez les femmes de cadres supérieurs. « J'ai une vie secrète : je peins », dit l'une (variantes possibles : je suis écrivain, thérapeute, actrice, voire ébéniste créatrice). Les plus modernes tiennent un blog très suivi sur les nouvelles tendances. Chloé n'a jamais croisé une femme de cadre supérieur qui soit pharmacienne ou notaire. Elles sont toutes jolies, cultivées, agréables. Lorsqu'elles parlent de leurs maris, elles sont admiratives, fières et dévouées. « Je suis tombée amoureuse de son intelligence », lui souffle Clara, la femme de Christophe, avant d'ajouter avec malice : « Lors de notre rencontre, j'étais la seule à ne pas savoir qui il était, et ça lui a plu. »

En plus de leur carrière trépidante d'artistes, elles sont des mères accomplies d'enfants surdoués qui étudient à Londres, Hong Kong ou New York, et flottent avec élégance au-dessus des contingences matérielles. « Cet été, nous levons l'ancre. Vous comprenez, le bateau, c'est le seul moyen de décompresser du stress de la vie parisienne », lance l'une d'entre elles, déjà toute bronzée au mois d'avril. Férues de musique classique et d'art contemporain, elles se retrouvent régulièrement à Bâle ou Miami Beach et pratiquent le *name dropping* à outrance, mais seulement avec les prénoms, c'est plus chic.

« Nicolas, j'ai tout de suite vu qu'il était doté d'une intelligence supérieure, bien avant qu'il ne devienne président de la République », lui avait glissé la femme d'un directeur sur un ton indifférent.

Chloé aimerait éviter ces voyages qui l'éloignent de sa famille et n'ont qu'un intérêt professionnel limité. Comme elle est l'une des deux seules femmes du comité de direction, qui compte quinze membres, elle est toujours placée dans le groupe des épouses, désigné pour la mission shopping qui consiste à dénicher les merveilles de l'artisanat local pendant que les hommes attrapent des coups de soleil au golf. Entre elles, les femmes trophées sont très à l'aise, complices et jamais à court de sujets de conversation. Mystérieusement, dès qu'elles retrouvent leurs maris, elles se transforment en créatures inanimées et décoratives.

Chloé est née et a grandi à Montauban, passe ses vacances dans la maison de sa grand-mère à Tarascon. La fréquentation des femmes trophées lui permet de s'instruire sur des sujets fondamentaux. Par exemple, elle a appris que Saint-Barth (variantes possibles : le Lubéron, la Corse, le Cap-Ferret), « ce n'est plus ce que c'était », « qu'à Neuilly-sur-Seine, certes, on s'ennuie un peu, mais la qualité de vie est incomparable ». Il y a toujours des visages différents d'un voyage à l'autre, entre les nouveaux collègues et les anciens qui ont changé de femme. D'ailleurs, se demande Chloé, que deviennent les femmes trophées quand elles vieillissent ?

Elles ont en tout cas un rapport sain et décomplexé à la maternité qui la fascine.

« J'attends mon quatrième enfant, parce que quatre, c'est le nouveau trois, et trois, c'est le nouveau deux », lui explique Marie-Caroline, épouse en secondes noces d'un directeur-adjoint, tirant sur sa cigarette le regard inquiet, car son mari n'aime pas la voir fumer. « Mais les enfants, il ne faut pas tout leur donner, il faut garder des moments à soi, sinon ils vous bouffent », ajoute-t-elle. Peu de risques que Chloé se fasse bouffer par son enfant quand, à huit heures du matin, elle le dépose à la crèche de la rue Lecourbe, le cœur déchiré, comme toutes les mères qui travaillent, entre soulagement honteux et culpabilité. De temps en temps, mais juste de temps en temps, elle aimerait bien être une femme trophée pour voir ce que ça fait.

Régulièrement, lors de conversations avec Christophe, son patron, elle s'entend dire, entre deux considérations prophétiques sur l'état du marché ou la psychologie du client : « Le problème, c'est que tu ne partages rien avec nous, tu es un peu en dehors du groupe. » Chloé a l'impression de partager beaucoup de choses avec ses collègues : elle passe ses journées avec eux, au total soixante heures par semaine contre trente avec son mari et son petit garçon, si l'on exclut les heures de sommeil. Certes, pas au golf, mais l'a-t-on invitée sur le green ? C'est vrai qu'elle est un peu en dehors, car, depuis la naissance de son enfant, une horloge s'est installée dans sa tête qui lui rappelle à tout moment où il est et ce qu'il fait. Là, il est neuf heures, il doit jouer au toboggan ou à la dînette ; là, il est midi, il doit faire la tête, car il y a encore des brocolis au menu ; là, il est quatre heures, il pleure, car il ne veut pas quitter la crèche avec la jeune fille au pair. Chloé essaie d'expliquer à son chef qu'elle est bien au bureau, mais que, depuis la naissance de son fils, elle est toujours aussi un petit peu ailleurs.

« Il ne s'agit pas de cela, on sait que tu as un enfant, on l'accepte. Le problème, c'est que tu ne te livres pas, on ne sait jamais ce que tu penses. Il y a trois ans, on t'a vue arriver un lundi une alliance à la main gauche, on en a déduit que tu t'étais mariée, mais rien, pas un geste, pas un mot de ta part. C'est inhumain. Tu vois, moi, quand je me suis marié, j'ai payé le champagne à tout l'étage. »

Chloé n'avait pas imaginé que se marier sans avertir ses collègues était une faute professionnelle, ni même un manque de respect à leur égard.

Ce mariage, c'était un moment d'intimité pour elle et son mari. Pour sa mère, un peu perdue au milieu de cette grande fête. Pour son père, foudroyé par un cancer deux ans plus tôt, qui jamais ne connaîtrait la joie de marier son enfant, de devenir grand-père. Pour son frère et sa sœur qui cachaient bien leur tristesse, car ce mariage signifiait la fin de leur enfance à tous trois, à jamais envolée.

Non, vraiment, elle ne voyait pas ce que ses collègues venaient faire là-dedans.

Chloé ne porte pas beaucoup d'attention à son style, sa mère lui ayant appris à ne pas consacrer de temps au superflu. Pour se faciliter la vie et passer inaperçue, elle a adopté une panoplie quasi militaire : tailleur-pantalon noir ou bleu marine, chemisier blanc. Elle s'est fixé une règle simple : maquillage, ou talons, ou bijoux tous les jours, mais jamais les trois à la fois. Si on la remarque dans cet aréopage de cravates et de costumes gris, c'est uniquement grâce à sa tignasse rousse. « Il n'y a pas de mal à être jolie », lui a lancé Christophe, pour une fois psychologue.

Au bureau, chaque consultant a un mentor, un collègue plus âgé et plus expérimenté qui lui prodigue conseils et encouragements, à qui plus ou moins consciemment il veut ressembler. Chloé n'a pas de mentor, personne à qui elle aimerait ressembler. Elle a bien essayé de sympathiser avec Hélène, seule femme chez les directeurs, surnommée Robocop par ses collègues. « J'ai trouvé la solution pour tout concilier », lui a confié Hélène, un soir de veillée nocturne, les pieds sur le bureau. « J'ai déménagé mes parents de Nîmes à Paris, ils vivent chez moi, ils gèrent les enfants et le quotidien. C'est drôle, la vie : tu travailles dur à l'école pour échapper à tes parents, puis, devenue adulte, tu les appelles à l'aide parce que ta carrière te prend tout ton temps ! » C'est drôle, en effet. Hélène gère ses problèmes personnels comme ses dossiers. Pour toute question, il y a forcément un arbre logique (*issue tree*), de bonnes pratiques (*best practices*) à appliquer et une solution au bout du chemin (*problem solving*).

Un peu perplexe devant ce modèle, Chloé préfère bricoler des solutions pour mener à bien sa double journée.

Tous les lundis matin, Christophe réunit son comité de direction et l'anime en anglais avec un fort accent berrichon. Il commence ses phrases par « *to make a long story short* » et part dans des envolées lyriques sur les cours de la Bourse, la fiscalité sur les hauts revenus ou la nécessaire dérégulation du marché des télécoms. Un matin, l'air grave, il annonce : « Il n'y a que deux femmes parmi nous, c'est inadmissible, il faut que cela change. » Christophe est marié à une magnifique femme trophée, décoratrice d'intérieur, coach en design pour être précis, et mère de trois grands enfants. La quasi-totalité des femmes qu'il côtoie sont d'autres femmes trophées, amies de la sienne, qu'il aperçoit dans les dîners mondains et autres galas de charité auxquels il se rend régulièrement. Chloé se demande quelle mouche l'a piqué pour s'intéresser soudainement au sort des femmes. En fait, une directive vient de tomber du Saint Siège, aux États-Unis. Désormais, les dirigeants du cabinet seront évalués sur leur capacité à intégrer et promouvoir des femmes. Une part de leur bonus sera calculée sur l'atteinte de quotas de femmes dans le cabinet et dans le comité de direction. Or la filiale française est très loin du quota exigé.

« Mais enfin, quel est le problème avec les femmes ? s'interroge Christophe. Pourquoi sont-elles si peu nombreuses chez nous ? »

Gérard, le directeur des ressources humaines, tente une explication : « Notre activité est peu compatible avec le rôle de mère : les horaires extensibles, les voyages, la disponibilité totale, tout ça n'est pas très conciliable avec la vie d'une jeune femme qui veut aussi élever ses enfants… »

« On ne peut pas continuer comme ça ! » s'impatiente Christophe, mains à plat sur la grande table ovale, balayant du regard la mâle assistance, puis s'attardant quelques interminables secondes sur Chloé. Suit une ode à la gloire du management au féminin, que chacun avait pu lire dans *Les Échos* de la veille.

« On sait que les femmes sont plus dans l'empathie, dans le dialogue, dans l'échange, elles sont plus dans le "nous" et moins dans le "je". Il nous faut des femmes, et vite ! Quelqu'un autour de cette table aurait-il une idée ? »

Le sujet n'inspire guère l'assistance. Certains baissent les yeux et se demandent si, après tout, leur assistante, avec son master 2 de sociologie... D'autres prennent un air concentré, regrettant amèrement quelques CV un peu trop vite rangés dans la corbeille, et cherchent une idée brillante qui ne vient pas. Chloé, elle, a beau réfléchir, elle ne voit pas bien en quoi son management est plus empathique que celui de ses collègues hommes.

Xavier, son voisin de bureau, bon élève, a l'idée du jour : « C'est simple, si les mères souffrent d'être séparées de leurs enfants, créons une crèche dans l'entreprise, elles pourront travailler sans regarder leur montre et jeter un coup d'œil de temps en temps à leur progéniture. On règle à la fois le problème de la garde d'enfants, source de stress majeure chez les jeunes femmes, et celui du temps de travail limité, que j'ai pu moi-même constater chez mon assistante. »

Christophe acquiesce, Chloé soupire. Elle s'imagine prendre le métro tous les jours avec son enfant, et affronter les regards hostiles des travailleurs du matin se demandant ce qu'une mère avec poussette peut bien faire là aux heures de pointe. Elle se dit que son petit garçon a bien le temps de découvrir les joies du changement à Châtelet. Elle s'apprête à émettre une réserve sur cette proposition quand son chef lance un « Excellente idée ! » qui clôt le débat.

Encouragé, Xavier poursuit sur sa lancée : « On peut décider que les missions qui impliquent des déplacements à l'étranger ou une cadence infernale seront prioritairement confiées aux hommes et aux femmes sans enfants. On laisserait aux mères de famille les missions basées à Paris ou avec un calendrier moins serré. » Chloé est consternée. Évidemment, les missions les plus intéressantes, celles qui vous donnent le plus de visibilité et vous permettent de progresser, sont les missions internationales et celles dites « commando », où l'on a de trente à cinquante jours, et autant de nuits, pour éteindre le feu dans une grande entreprise. Chloé se voit déjà reléguée aux missions mineures, aux PME de l'Essonne ou aux projets caritatifs, au nom de sa condition de mère.

Elle se serait volontiers contentée que le cabinet lui rembourse les fortunes qu'elle dépense pour faire garder son enfant le soir et le week-end, pouvant atteindre près de 20 % de son salaire.

Ensuite, elle aurait voulu éliminer les pertes de temps, les réunions de préparation des réunions, les réunions pour débriefer des réunions, les joutes verbales interminables, les dîners d'autocongratulation ridicules où l'on parle trop et de rien. Elle aurait souhaité exprimer son point de vue, mais se sentait complètement isolée dans cette assemblée.

Ravi de ce « *brainstorming* fructueux », Christophe décida de mettre en place une crèche dans le cabinet dès la prochaine rentrée et de prendre en compte la maternité dans l'affectation des missions, convaincu d'avoir fait progresser la cause des femmes. Lorsqu'il fallut désigner un responsable du projet « femmes 2015 », tous les regards se tournèrent vers Chloé.

« Nous avons deux femmes chez nous et c'est un atout », déclara Christophe, comme si Chloé n'était pas là (ce qu'elle désirait ardemment). « Nous allons les exhiber, les mettre en avant… »

Après le concept de femme trophée, Chloé venait de découvrir celui de femme alibi. Elle avait toujours battu les garçons (et les filles) à l'école, y compris en mathématiques. À plus de trente ans, elle venait d'être rattrapée par sa condition de femme et de mère.

Finalement, le projet « femmes 2015 » a été mis de côté, il n'est plus prioritaire par rapport à d'autres sujets brûlants comme la crise boursière et la dette grecque. Quant à la crèche, elle n'a pas vu le jour, faute de candidate.

La morale de cette histoire

« Les femmes dans l'entreprise, c'est comme l'oxygène : plus on monte, moins il y en a », disait Annie Battle, auteur du livre *Le Bal des dirigeantes* et mère de trois enfants. La solitude est inéluctable quand vous vous élevez dans la hiérarchie, mais elle ne doit pas vous conduire à l'isolement. Pour gagner du temps et accroître leur efficacité, les femmes négligent trop souvent de monter sur le ring et de mesurer leurs talents rhétoriques à ceux des autres. C'est pourtant comme cela que les hommes brillent et progressent dans la hiérarchie. Dans l'entreprise, il faut parfois savoir perdre du temps pour en gagner. Développez des alliances. Dans les voyages, restez dans le groupe des hommes, même si vous détestez le golf et le tir aux pigeons. Mieux vaut être un alibi qu'un trophée.

Le tabou de l'absence d'enfants

Juliette est la plus âgée d'entre nous. À quarante ans, elle a passé quinze ans de sa vie dans un cabinet d'audit dont elle a gravi tous les échelons jusqu'à accéder au comité de direction. Il y a six mois, elle a quitté son entreprise, officiellement pour divergence stratégique – « d'un commun accord », dit-elle, même si elle a encore la voix qui tremble quand elle en parle.

Enfant, elle était ce qu'on appelle communément un « garçon manqué ». Son père préférait l'emmener assister à des matches de foot et de rugby qu'à des spectacles de danse classique. Elle était douée en sciences et en mathématiques, ce qui faisait dire à sa mère et à sa grand-mère qu'elle n'était pas tout à fait comme les autres filles. Au lycée, elle avait toujours mis un point d'honneur à être la première de la classe sans prendre de notes ni poser de questions intelligentes aux professeurs. Elle aimait travailler chez elle avec acharnement, même si, par orgueil, elle avait adopté à l'école la posture de la bonne élève rebelle, toujours au fond de la classe, à côté du radiateur, au milieu des cancres et des « définitivement perdus pour la cause de l'école ». Elle n'était pas attirée par les plaisirs de l'adolescence, les soirées, les sorties entre filles, les garçons. Elle préférait ingurgiter des livres d'histoire médiévale, des romans du XIXe siècle, des manuels d'allemand et même le dictionnaire latin.

Après un bac C obtenu avec les honneurs, elle atterrit à la fac de sciences de Jussieu. Son prof de maths de terminale avait écarquillé les yeux quand elle lui avait expliqué qu'elle voulait faire des études scientifiques. « Mais à quoi cela va-t-il vous servir ? » avait-il soupiré. Elle n'aurait jamais osé passer le concours d'entrée dans une école d'ingénieurs. Son père était fonctionnaire à la poste, sa mère femme au foyer, ils étaient fiers que leur fille unique entre à l'université ; d'ailleurs, ils ne savaient pas qu'il existait autre chose que l'université. Sa mère pleura lorsque sa fille obtint son diplôme. Une mère qui toute sa vie avait vécu dans le regret de ne pas avoir fait d'études parce que, « dans sa famille, les études, pour une fille, ce n'était pas nécessaire ». Elle n'avait pas voulu venir à la cérémonie de remise du diplôme de sa fille. Elle était bien trop intimidée. Et puis elle n'avait rien à se mettre.

À l'époque, Juliette vivait dans une chambre de bonne près du Panthéon. Ses parents avaient insisté pour qu'elle habite en plein cœur de Paris, dans un quartier chic, même s'il fallait se serrer la ceinture pour payer le loyer. Juliette voulait s'en sortir, s'élever dans la hiérarchie. Elle ne fréquentait pas les jeunes de son âge ; d'ailleurs, elle n'aimait pas les jeunes – et puis, avec quel argent ? Elle garde un souvenir heureux de cette période, où tous ses efforts étaient tendus vers l'obtention de son diplôme. Elle se souvient que ses camarades riaient parce qu'elle achetait des baguettes de pain en guise de repas, l'amidon lui remplissant l'estomac pour quelques centimes.

En maîtrise à Jussieu, elle réussit à avoir seize sur vingt à l'option génétique, épreuve redoutée parce que c'était la plus difficile et qu'elle permettait d'établir une sélection entre les élèves. Elle fut convoquée par son professeur, un éminent spécialiste du cerveau des mouches, qui lui demanda comment elle avait pu obtenir une telle note alors qu'il ne l'avait jamais remarquée pendant l'année. Il lui conseilla de faire un master dans une grande école parce qu'elle « valait mieux que la fac ». C'est ainsi qu'elle enchaîna un master à HEC, puis une carrière rapide dans l'audit, jusqu'à ce fameux jour où tout s'est arrêté.

Juliette n'a pas d'enfants. Autour de la trentaine, elle en désirait un, mais ne trouvait pas le père, multipliant les histoires sans lendemain avec des hommes mariés ou des étudiants attardés. Quand, à trente-six ans, elle a enfin trouvé un mari et un père potentiel, lui avait déjà deux grands enfants et, traumatisé par la séparation, ne voulait pas s'y remettre. Célibataire sans enfants, elle a longtemps été le bon petit soldat de l'entreprise, toujours disponible pour boucler un dossier tard le soir, rédiger rapports et comptes rendus le week-end, faire un aller-retour express à New York au siège de l'entreprise. Quand une urgence tombait en plein mois d'août, nécessitant que quelqu'un interrompe fissa ses vacances, Juliette se dévouait systématiquement : après tout, elle pouvait prendre ses vacances quand elle voulait.

Qualifiée de « petit miracle » par les dirigeants de son groupe, elle progressa rapidement dans la hiérarchie jusqu'à devenir membre du comité de direction. Tout le monde louait son énergie et son engagement dans l'entreprise.

« Ici, tu verras, ce n'est pas une entreprise comme les autres, c'est beaucoup plus que cela, c'est une famille », lui avait dit son chef au cours de son recrutement. En effet, elle avait adoré travailler pour cette équipe soudée, efficace et bienveillante. En quinze ans, elle n'avait jamais eu l'impression que le fait d'être une femme l'aidait ou la pénalisait. Tout au plus était-elle un « cadre à haut potentiel », comme l'indiquaient ses évaluations, toujours élogieuses.

Elle est incapable de dire précisément quand, mais un jour l'ambiance changea. Son dévouement à l'entreprise ne suscitait plus l'admiration. « C'est normal, elle peut rester tard le soir, elle n'a pas d'enfants », disaient les autres femmes dans son dos. Lors de son dernier entretien d'évaluation, son chef, qui l'avait toujours couverte de louanges, lui reprocha soudain d'être dure et froide, de ne pas assez exprimer « sa part féminine ».

« Je ne peux accepter qu'une subordonnée parte plus tard que moi le soir. Si tu pars si tard, c'est que tu n'es pas efficace », lui expliqua-t-il d'un ton grave.

« Pardon, ce n'est pas une question d'efficacité, mais j'aime bien le soir, quand le téléphone ne sonne plus, que je peux prendre du recul, réfléchir, écrire de petits mots pour féliciter ou encourager des collaborateurs. »

Subrepticement, Juliette commença à se sentir suspecte aux yeux de ses collègues. Mais suspecte de quoi ? Pour rassurer son chef, elle cessa de passer ses soirées au travail, ces soirées de solitude qu'elle chérissait et que seule la ronde du gardien de nuit venait interrompre. Pour exprimer « sa part féminine », elle se força à emmener son conjoint prof de philo à des dîners de collègues où il devait répondre aux questions habituelles : « Oui, j'ai beaucoup de vacances ; non, je ne suis pas tout le temps en grève ; oui et non, le niveau des élèves a beaucoup baissé ces dernières années... » Elle avait pourtant toujours détesté ces dîners où l'on se jauge par rapport à l'argent.

Elle changea même son style, troquant sa panoplie habituelle, tailleur-pantalon et ballerines, contre des jupes et de hauts talons. Jusqu'à présent, elle avait toujours proscrit les hauts talons. Elle avait une théorie à ce sujet qui fonctionnait presque à chaque fois : plus une femme est perchée sur des talons, moins elle a confiance en elle. Mais Juliette était prête à ravaler son orgueil, cacher ses sentiments et garder le silence pour retrouver toute sa place dans l'entreprise.

Elle sentait bien que quelque chose clochait. Alors elle prit son courage à deux mains et lança à son chef : « Au fond, ce que tu me reproches, c'est de ne pas avoir d'enfants.

– Non, ce n'est pas le problème, mais c'est un symptôme. Je veux être certain que mes collaborateurs les plus proches sont épanouis. Tu as tout donné à l'entreprise, jusqu'à t'oublier toi-même. Tu es perçue comme quelqu'un de rigide ; or, pour accéder au plus haut niveau, il faut avoir un profil complet, équilibré. »

Juliette n'en croyait pas ses oreilles. Dans sa vie privée, elle voyait bien que son absence d'enfants peinait sa mère et intriguait ses amies. Dans la famille, on n'en parlait pas, on ne lui posait pas de question, comme s'il s'agissait là d'un tabou indépassable. *A contrario*, dans les dîners en ville, elle avait dû répondre un nombre incalculable de fois à l'éternelle question : « Et toi, tu as combien d'enfants ? », et assister au spectacle de la gêne diffuse de son interlocuteur quand elle répétait, une fois de plus, qu'elle n'en avait pas. Elle subissait de bonne grâce les soirées avec ses copains trentenaires qui s'émerveillaient pendant la moitié du dîner sur la première dent du dernier rejeton. Mais, dans le travail, comment pouvait-on lui reprocher quelque chose d'aussi intime ? C'était la double peine, en somme : pas d'enfants, pas de promotion.

Pourtant, elle avait des collègues masculins eux aussi sans descendance. Cela leur donnait-il pour autant une réputation de monstres froids ? Au contraire, ils passaient pour d'éternels séducteurs n'arrivant pas à se fixer, selon le modèle George Clooney, qui n'a pas vraiment d'équivalent au féminin. L'archétype de la femme sans enfants, c'est Jennifer Aniston, qualifiée soit de pauvre fille, soit d'hystérique, le plus souvent des deux.

Au cours de ses quinze années dans l'entreprise, à chaque vague de promotions, Juliette avait vu le nombre de femmes se réduire autour d'elle. Pour la plupart d'entre elles, la naissance des enfants avait constitué un moment critique, avec l'obligation de mettre moins d'énergie dans leur carrière et de se tourner vers des emplois à moindre responsabilité, compatibles avec une vie de famille. À chaque étape, elle avait vu son salaire grimper (presque) à la même vitesse que celui de ses collègues hommes, quand les autres femmes prenaient, à cause des enfants, un retard qu'elles ne rattraperaient jamais. Juliette se consolait de son absence d'enfants en songeant à sa carrière passionnante qui lui avait permis de voyager partout dans le monde et de devenir une spécialiste reconnue dans son domaine d'activité. Sa famille, c'était son travail, et réciproquement.

Elle avait bien imaginé qu'avoir des enfants était un handicap pour une femme au travail. Mais pas du tout que ne pas en avoir, c'était pire. Le processus était différent : progressif et presque invisible pour les mères, brutal pour les femmes sans enfants.

Un lundi matin, son patron lui signifia qu'elle ne faisait plus partie du comité de direction ; qu'elle était une bonne directrice de projets, mais qu'elle manquait d'envergure, de vision stratégique, de charisme. Un mois plus tard, elle quittait l'entreprise, cette famille qui signifiait tant pour elle et dont elle était désormais orpheline. Elle ne revit jamais son patron, qui l'avait pourtant désignée comme la marraine de sa deuxième fille. « C'est bizarre de réaliser un jour que quelqu'un compte beaucoup pour vous, et que vous, vous ne signifiez rien pour lui », conclut-elle, le visage fermé. Sa secrétaire lui a envoyé par la poste un carton contenant des affaires personnelles amoncelées au fil des ans dans ce bureau qu'elle n'a pas eu le courage de vider. Quelques livres reçus en cadeau, des bougies parfumées à la vanille, de la crème pour les mains, des boîtes de thé, c'est tout ce qui reste de quinze ans de vie de famille.

La morale de cette histoire

En Allemagne, presque un tiers des femmes ne font pas d'enfants, contre une femme sur dix en France. Pourtant, les Allemandes ne réussissent pas mieux que les Françaises. Elles gagnent en moyenne un quart de moins que leurs collègues masculins et n'occupent que 5 % des postes de direction des grandes entreprises.

Que vous ayez des enfants ou non, un jour, on vous le reprochera. Les femmes se font professionnellement distancer par les hommes quelle que soit leur situation familiale. Donc détendez-vous sur cette question, ne faites pas ce choix-là en fonction de vos souhaits de carrière. L'entreprise n'est pas votre famille : vous pouvez vous y investir, mais ne vous y perdez pas.

Et ce n'est pas parce que vous n'avez pas d'enfants que vous êtes corvéable à merci. Votre vie privée vaut autant que celle des autres, faites-la respecter.

Ne croyez pas non plus les entreprises qui proclament avoir une culture méritocratique.

Les filles réussissent leurs études grâce à un système méritocratique – je travaille dur, donc j'ai de bonnes notes, donc je réussis mes concours –, mais la méritocratie ne les propulsera pas au sommet des entreprises. Ne soyez pas obnubilée par le travail. Le travail doit être à sa place dans votre vie, il ne doit pas être votre vie.

Le travail à la maison : eldorado ou prison ?

Mona aimait écrire depuis son plus jeune âge. Elle avait passé son enfance à noircir des cahiers d'histoires farfelues et de contes merveilleux. Elle avait son petit monde à elle, parlait aux plantes, aux coquillages, aux animaux. Faire HEC, ce n'était pas son rêve, c'était celui de son père, lui-même diplômé de l'école. Ce père qui adorait sa fille et s'inquiétait de sa sensibilité à fleur de peau, de ses phases d'exaltation suivies d'intenses déprimes, ce fond de mélancolie qui faisait dire aux institutrices de cette petite qu'elle était toujours ailleurs.

Papa se disait qu'une école de commerce l'attacherait au monde réel, aux autres, et l'aiderait à s'en sortir. Mais « se sortir de quoi ? » se demandait Mona, perplexe. Elle s'était fait une raison, et puis elle aimait beaucoup les garçons.

Elle savait qu'en prépa commerciale il y avait une majorité de garçons, contrairement aux prépas littéraires : c'était une raison suffisante pour obéir à son père. Elle s'était donc débrouillée pour rater son bac français, se fermant ainsi la porte de l'hypokhâgne, et se retrouver, sans regret, à HEC.

Ses années sur le campus furent douces et joyeuses. Elle y rencontra son mari, participa à la création d'un magazine littéraire, monta une pièce de Jean Genet, et partit un an au Brésil.

À son retour, elle chercha un travail « sérieux », atterrit dans un journal économique où elle s'ennuya vite, puis dans une start-up où elle ne se sentit pas à sa place. Elle démissionna.

À chaque expérience, elle s'était heurtée au même problème : elle ne comprenait pas le sens profond du travail qu'on lui demandait, la finalité de cette agitation. Un matin, alors qu'elle déprimait dans son lit en lisant *Télérama*, un article retint son attention. Il s'agissait d'un portrait de femme biographe. Cette femme parlait de son métier et expliquait qu'il fallait deux qualités pour l'exercer : savoir écouter et savoir écrire. En une fraction de seconde, Mona avait trouvé sa voie. C'était une évidence, elle allait faire ce qu'elle aimait le plus : écrire et aider les gens à écrire. Elle fabriqua une petite plaquette qu'elle distribua à tous ses amis, et c'est ainsi qu'elle commença ce nouveau métier. Elle n'était pas nègre – elle n'écrivait pas à la place des autres –, mais accoucheuse de livres, au sens où Socrate faisait accoucher les esprits, par le dialogue et la conversation. Elle aimait se définir parfois comme une psychanalyste de l'écriture, qui vous aidait, par la parole, à trouver par vous-même votre chemin, votre petite musique, votre rythme. Dans la case « emploi », sa banquière avait écrit « conseillère en écriture » – c'était très laid, mais plus crédible qu'accoucheuse de livres. Mona était ravie, elle avait réussi à inventer son métier, un métier rare et précieux, elle se sentait libre.

Travailler chez soi ne fut pas une mince affaire. D'abord, elle n'obtint pas de place en crèche parce que, lui dit la directrice du service petite enfance de la mairie, « au fond, vous ne travaillez pas vraiment ». Elle recruta donc une nounou pour veiller sur ses deux garçons. Celle-ci arrivait régulièrement en retard le matin, car, sa patronne étant à la maison, ce n'était pas si grave. Son mari la laissait débarrasser la table du petit déjeuner parce que, lui, il était pressé, il avait un taxi à attraper, un patron qui l'attendait – zut, il était déjà en retard pour sa réunion. Mona avait renvoyé sa femme de ménage : « Je passe mon temps à la maison, je peux bien faire une lessive ou deux pendant les pauses. » Sa belle-mère, héritière d'une longue lignée de femmes au foyer, s'invitait à prendre le thé, « pour lui tenir compagnie ». Elle n'arrivait pas à dire non quand ses garçons la suppliaient de venir les chercher à l'école le midi plutôt que de rester une fois de plus à la cantine. L'enfant qui parlait aux plantes et qui s'était toujours considérée comme une handicapée domestique était devenue une jeune femme parlant au plombier les jours de fuite d'eau, et au service clientèle d'Orange quand la Livebox, son seul lien avec le monde extérieur, tombait en panne.

Tous les jours, elle voyait s'amenuiser son temps disponible pour travailler. Sa journée était un tourbillon d'allers et retours entre l'école, les cours de judo ou de tennis des petits, et la maison.

Elle lisait régulièrement dans les journaux que si les hommes ne participaient pas aux tâches ménagères, c'était parce que les femmes voulaient tout contrôler à la maison. « J'ai mis dix ans à avoir l'autorisation de faire une lessive », témoignait un cadre opprimé. Mona n'avait jamais interdit à son mari de faire une lessive, elle ne demandait qu'à déléguer, mais déléguer à qui ? À un courant d'air ?

Une ancienne prof de HEC spécialiste du management lui avait prodigué ce conseil plein de bon sens : « Dans votre couple, veillez non pas au partage des tâches, mais à l'interchangeabilité des tâches. Ne vous enfermez pas dans un rôle. Vous n'avez pas plus le gène du balai que votre mari celui de la perceuse. »

En l'occurrence, pour travailler à la maison, il lui fallait avoir les deux.

Quand enfin sa journée de travail pouvait commencer, une fois les enfants couchés et la maison silencieuse, elle était beaucoup trop épuisée pour faire fonctionner son cerveau. Elle commençait à lire des projets de livres, comme on s'attaque à une corvée d'épluchage de pommes de terre, avec une résignation méthodique, et s'endormait profondément avant d'avoir atteint la page 10. Mona avait fini par adopter de nouveaux horaires. Elle se levait à cinq heures du matin, préparait un litre de thé noir et travaillait sur ses projets quand tout le monde dormait encore et qu'elle avait la paix. Elle s'occupait alors de ce qui lui tenait le plus à cœur, ses livres, et son rôle de maman venait ensuite, quand elle était du coup de bonne humeur.

Les jours où ses projets avançaient à sa guise, même si elle n'avait aucun rendez-vous de prévu, elle se mettait sur son trente et un : robe à gros nœud, chapeau rouge pompier, vernis coquelicot. Les couleurs vives lui donnaient de l'énergie, de la joie. Les jours de cafard, elle mettait son vieux chandail gris et tentait de relativiser.

Grâce à une discipline de fer, elle réussit à développer son activité. Elle ne se versait pas de salaire, ses (maigres) revenus servant à rembourser l'emprunt du ménage pour ce qui était devenu son local de travail. Son mari, cadre supérieur avec des horaires de cadre supérieur, lui avait démontré par un savant calcul qu'il était plus intéressant pour le couple qu'elle ne déclare pas de salaire. En effet, la somme de leurs deux salaires les aurait fait passer dans une tranche d'impôt supérieure. De fait, elle était donc devenue économiquement dépendante de son mari, et son salaire, une variable d'ajustement dans le couple. « Mais ce n'est pas grave : toute ma vie, j'ai été dépendante. »

Elle organisait des séances de travail avec ses apprentis écrivains, relisait leurs plans, battait le rappel s'ils étaient en retard dans l'écriture d'un chapitre, les aidait à trouver un éditeur, leur tenait la main dans cet abîme de solitude qu'est l'écriture. De cette maïeutique étaient nés des romans, des livres de management, des recueils de poèmes, des essais. Avec ses clients hommes, le problème était qu'ils la voyaient souvent comme une femme au foyer améliorée et oubliaient de la payer. Il fallait toujours qu'elle les relance. Un jour, un de ses clients, qu'elle relançait pour la énième fois, lui dit : « Ah oui, on approche de Noël, donc vous avez besoin d'argent. » Une autre fois, elle s'était entendu dire : « Mais tu n'as pas besoin d'argent ! Ton mari, il gagne bien sa vie, non ? »

Elle avait du mal à faire comprendre à ses interlocuteurs que son salaire n'était pas un salaire d'appoint, mais que, comme eux, elle travaillait pour gagner sa vie.

Quand elle expliquait son travail, les femmes la regardaient avec envie. « Quelle chance tu as de travailler chez toi ! Tu peux tout concilier, tu ne perds pas de temps inutile dans les transports ou en réunion, et tu vois tes enfants grandir », lui répétaient en chœur ses amies.

Si tout concilier, c'est travailler de longues heures dès l'aube, quémander son salaire à ses clients et faire les lessives, le ménage, les feuilles de sécu, le repas et le bain des enfants, alors oui, Mona est la reine du tout concilier. Mais, comme elle dit souvent, il n'y a que les femmes qui concilient – les hommes, eux, ils vivent.

Mona ne connaissait pas la « double journée » de la majorité des femmes, qui enchaînent une journée de travailleuse salariée et une soirée de mère responsable d'un foyer. Sa journée à elle, c'était la « multi-journée » d'une travailleuse indépendante, femme et homme au foyer à la fois, et maman.

Sur internet, Mona était souvent contactée par des réseaux de « mompreneuses », qui tentaient comme elle de concilier un travail indépendant et une vie de mère de famille. Elle avait eu un choc en découvrant ces réseaux : elle se croyait unique et s'apercevait soudain que des milliers de femmes partageaient son sort. Elle apprit donc qu'elle était depuis longtemps une mompreneuse qui s'ignorait, comme Monsieur Jourdain faisait de la prose sans le savoir. Elle s'intéressa un temps à ces réseaux virtuels, espérant y trouver des conseils pertinents. Elle en ressortit vaguement écœurée. Mona aspirait à se dégager de l'emprise du foyer, à s'échapper de la pesanteur des tâches domestiques. Or, la moitié de ces mompreneuses créaient des sociétés en lien avec la petite enfance, la ramenant à sa condition de mère. Et toutes insistaient sur la difficulté de gagner sa vie. « C'est plus facile si tu as un mari qui fait bouillir la marmite », lui avait expliqué l'une d'entre elles, très active sur la toile. Et elle comprenait mal le sens de ce terme de « mompreneuse ». Elle travaillait chez elle et avait des enfants. Mais elle ne voyait pas bien le rapport entre les deux ni en quoi cela la définissait. Le choix de son métier et de son mode de vie n'avait rien à voir avec le fait d'être mère.

Un jour, son mari se retrouva cloué à la maison à cause d'une phlébite lui interdisant les déplacements. Mona en profita pour partir écrire deux jours à la campagne et lui laisser la gestion du foyer. Elle lui avait préparé une liste longue comme le bras de tâches à ne pas oublier : préparer le sac de piscine du petit dernier le lundi matin, envoyer le chèque pour payer la cantine, prendre rendez-vous chez le dentiste pour le grand, récupérer le costume au pressing, remplir le frigo, appeler le plombier pour la fuite de la douche… À son retour, elle trouva un mari épuisé, qui lui balança avec une sincérité désarmante : « Je ne sais pas comment tu fais… »

Après avoir travaillé sur les livres des autres, Mona avait décidé enfin d'écrire et de publier les siens. Ce n'était pas chose facile : elle avait passé dix ans à vivre par procuration, à s'occuper des histoires de ses clients pour mieux cacher les siennes, il fallait maintenant qu'elle accouche de ses propres livres et cette idée la terrorisait.

Sur internet, elle trouva une chambre de bonne à sous-louer à deux pas et cinquante marches d'escalier de chez elle. Avoir un bureau bien à soi, rien qu'à soi, échapper à son assignation à résidence, c'était la première étape pour se réapproprier sa vie. La deuxième, « tuer l'ange de la maison », selon l'expression de Virginia Woolf, sortir du carcan de la femme parfaite, lui plaisait infiniment. « Le vent se lève, il faut tenter de vivre », lui soufflait Paul Valéry, alors qu'elle démarrait enfin l'écriture de son premier roman.

La morale de cette histoire

Le travail à la maison n'est pas un eldorado pour les femmes. « Il est nécessaire pour une femme d'avoir cinq cents livres de rente et une chambre dont la porte est pourvue d'une serrure », nous enseignait Virginia Woolf en 1929 dans *Une chambre à soi*. La plupart d'entre nous n'ont pas de rente, elles doivent savoir que le travail à la maison est peu rémunérateur et cache souvent un retour à la maison qui ne veut pas dire son nom. J'entends régulièrement des femmes désireuses de travailler chez elles « pour mettre fin à l'esclavage du salariat » et « être enfin libres ». Assurez-vous que vous ne quittez pas un esclavage pour un autre. Quittez le salariat, certes, mais pas pour vous occuper davantage des enfants ou faire plaisir à votre mari. Quittez-le égoïstement pour vous-même, parce que cela correspond à votre projet. Dans « mompreneuses », il y a « mom ». Je ne connais aucun entrepreneur qui soit qualifié de « dadpreneur ».

Les hommes, nos trente millions d'amis

Nadia est celle dont l'ascension a été la plus spectaculaire.

Elle est directrice financière d'une entreprise de distribution après un passage en banque d'affaires. Membre de plusieurs conseils d'administration, elle est aussi mère de trois enfants.

Quand nous l'interrogeons, admiratives, sur son parcours fulgurant, elle nous donne quelques pistes :

« D'abord, il y a l'éducation qu'on reçoit. Mes parents sont arrivés de Rabat dans les années 1960, je suis l'aînée de trois filles, il fallait travailler dur, nous n'avions pas le choix. Ensuite, la principale leçon que j'ai apprise et qui est contre-intuitive, c'est de parfois savoir se taire. Lors des premiers conseils d'administration auxquels j'ai participé, je ne pouvais m'empêcher d'intervenir quand je jugeais que le responsable de l'entreprise faisait fausse route. Je prenais mon rôle très au sérieux, je pensais que mon avis comptait et que j'avais un rôle à jouer dans cette assemblée. Bizarrement, je voyais bien que j'étais la seule à donner mon avis quand les autres membres, tous masculins, observaient un silence religieux. Ma franchise ne m'attira que des ennuis. D'abord, avec mes critiques, je me mis immédiatement à dos le responsable de l'entreprise. Ensuite, mes remarques l'aidèrent *de facto* à améliorer sa copie et donc à triompher de moi, qui avais osé émettre des réserves sur sa stratégie.

« "C'est simple", m'expliqua un collègue charitable dans l'avion qui nous ramenait d'un conseil d'administration, "tu ne dis rien, tu approuves tout et, si tu vois qu'il se plante, tu le laisses s'enferrer. Tu as déjà vu un administrateur qui serve à quelque chose ?" »

Dans ces conseils d'administration où elle est la seule femme, Nadia refuse (poliment) de s'occuper de tâches passionnantes comme prendre des notes, ce qui vous exclut de fait de la conversation, rédiger les comptes rendus, que de toute façon personne ne lit, ou appeler les retardataires. Comme ses collègues, elle n'hésite pas à prendre la parole, même si elle n'a rien à dire, et n'accepte pas qu'on lui la coupe. « Après une réunion, les hommes quittent la salle sans un regard pour les gobelets en plastique qu'ils ont laissés sur la table. Les femmes se sentent obligées de les ramasser et de les jeter à la poubelle. C'est un dilemme : soit vous êtes la bonne de service, soit vous n'avez aucune éducation. Chez moi, j'ai beau lutter, c'est toujours l'éducation qui triomphe : je finis par jeter discrètement les gobelets quand tout le monde est sorti de la salle. Je me demande souvent si la politesse, le savoir-vivre à la française ne sont pas finalement un frein pour les femmes ! »

Un autre principe important, nous explique Nadia, « c'est de repérer, lors des entretiens d'embauche, les patrons qui ont un avis sur le fait que vous soyez une femme. Et de les fuir ». Certains affichent la couleur dès le premier entretien. Ainsi, ce patron d'une grande entreprise de médias qui lui avait dit, l'air sincèrement désolé : « Vous correspondez parfaitement au profil que je recherche, mais je ne peux pas vous prendre : vous avez trois enfants, je n'oserais pas vous appeler après dix heures le soir. » Et il y a à l'opposé ceux qui « adorent travailler avec des femmes », qui louent le « talent au féminin » et les qualités soi-disant féminines, comme la douceur, le dialogue, la loyauté. Ceux-là vous démontrent très sérieusement que la présence de femmes dans leur entreprise améliore leur résultat économique. Ils ne vous recrutent pas pour vos diplômes, votre expérience ou votre savoir-faire, mais parce que vous avez des qualités féminines, une essence féminine, quelque chose qui vous dépasse et qu'on pourrait appeler l'éternel féminin.

Enfin, il y a ceux qui vous expliquent qu'il leur faut des femmes pour équilibrer les choses, équilibrer la vision des hommes. Ils font œuvre sociale en vous recrutant, ils atteignent leur quota de femmes, comme ils ont leur quota de handicapés, de « personnes issues de la diversité » ou de seniors. Quelles que soient vos qualités, ils ne vous aideront pas à progresser, car ils estiment qu'ils vous ont fait un cadeau énorme en vous donnant ce poste.

« La féminité n'est ni une compétence ni une incompétence », disait Françoise Giroud. Quand vous trouvez un patron qui se fiche que vous soyez un homme ou une femme, qui ne vous recrute pas pour « équilibrer la vision des hommes », qui vous évalue à l'aune de vos résultats, foncez et misez sur lui.

Nadia a trouvé la perle rare, un père divorcé qui doit une semaine sur deux être chez lui à dix-neuf heures pour s'occuper de son fils et déroge très rarement à cette règle. « Il culpabilise déjà assez d'être séparé, il ne peut pas en plus abandonner son enfant à une nounou le soir. » Le patron idéal pour les mères de famille, c'est donc un père divorcé qui a ses enfants en garde alternée. Nadia l'a sensibilisé aux difficultés que rencontrent les femmes en entreprise et l'a convaincu de mettre en place une mesure radicale. Elle a remarqué que le retour de congé maternité est une période critique pour les femmes. Elles doivent conjuguer un effort important au travail pour reprendre en main leurs dossiers et la fatigue accompagnant les premiers mois de vie avec un nourrisson. Sans parler de cette bonne vieille culpabilité qui les assaille. C'est souvent à ce moment-là qu'elles perdent pied, décident de prendre du recul, de travailler moins, et renoncent plus ou moins consciemment aux postes à responsabilité. Nadia a donc décidé d'augmenter de 10 % toutes les femmes qui rentrent de leur congé maternité.

« Cela leur redonne confiance et motivation : l'entreprise leur signifie qu'elle compte sur elles, plus encore qu'avant. Et cela les aide à payer toutes les dépenses liées à l'arrivée d'un enfant. »

Enfin, Nadia est la reine de l'organisation. De son passage en banque d'affaires, elle a retenu que ses collègues masculins restaient tard le soir, non pas pour avancer sur leurs dossiers, mais pour s'éviter la corvée dîner, bain, coucher des enfants. Ce « coup de feu » entre dix-neuf heures et vingt heures trente que les mères de famille connaissent et redoutent, quand les enfants sont surexcités, courent, crient et ne veulent pas se coucher. Cette phase courte mais intense pendant laquelle on aimerait tellement être ailleurs, en train de lire, de rêver, de vivre une autre vie. Le professeur Geoffrey Godbey, sociologue à l'université de Pennsylvanie, a constaté que la plupart des hommes passent plus de temps au boulot après l'arrivée du premier enfant. En France comme dans l'ensemble des pays latins, on valorise le « présentéisme » et les soirées au bureau. On ne dit pas que c'est beaucoup plus pour échapper aux tâches ménagères que pour peaufiner un dossier.

Nadia se souvient de ce banquier qui appelait sa femme tous les soirs avec des regrets dans la voix pour lui dire qu'il était coincé au bureau par un dossier important, avant d'appeler le livreur de sushis pour régaler tout l'étage et raconter aux collègues les derniers potins du bureau. Ou de cet analyste habitant en face de son lieu de travail, guettant tous les soirs l'extinction des feux dans son domicile pour traverser la rue et embrasser ses petits anges, bien baignés et bien peignés, dormant sagement dans leurs lits. Il avait développé la thèse du « temps qualitatif » : ce n'est pas grave de ne pas voir ses enfants souvent ; ce qui compte, c'est la qualité du temps qu'on leur donne. C'est une notion un peu abstraite pour une mère de famille, le temps qualitatif. Un enfant, c'est du temps, point. On ne se dit pas : là, il faut changer une couche, ce n'est pas qualitatif, je laisse. Et d'ailleurs, à qui je laisse ? Là, le bébé m'a fait un sourire, il cherche à communiquer avec moi, c'est qualitatif, je prends. « Je veux bien donner le biberon, mais pas le préparer ; je ne saurais pas comment faire », lui avait expliqué son collègue.

Ces cadres supérieurs qui ne voient pas leurs enfants ont en général des bureaux où s'étalent des photos de leur progéniture. C'est un principe qui marche presque toujours : plus on a de photos de ses enfants au bureau, moins on les voit. On adore ses enfants, mais en photo. Du reste, on n'exhibe pas les photos de ses enfants au bureau par hasard. Il y a une corrélation positive chez un homme entre le nombre d'enfants et le niveau de responsabilité. Les Américains appellent ce phénomène le *fatherhood bonus*. Deux ou trois enfants sur un CV, pour une femme, c'est rédhibitoire ; pour un homme, c'est un gage de stabilité, d'harmonie, de confiance en l'avenir.

Nadia quitte son bureau tous les soirs à dix-neuf heures et, pour l'instant, cela ne lui a pas valu d'ennuis. Elle traque la perte de temps. « Les réunions constituent l'archétype de la perte de temps. Au-delà de quarante-cinq minutes, elles sont inutiles », a démontré un professeur de management américain, Marty Nemko.

Régulièrement, elle intervient comme experte dans des séminaires de management. Elle y va accompagnée de son mari, et ça ne rate jamais : les cadres qui assistent au séminaire s'adressent d'abord à lui, croyant que c'est lui, l'invité d'honneur. « Vous savez, je ne suis que le mari », a-t-il coutume de dire à ses interlocuteurs, blêmes quand ils réalisent leur méprise. « Les femmes ne sont jamais expertes de leur sujet, on ne pense pas à elles, souligne Nadia. Par exemple, dans les agences de notation, tous les experts sont des hommes. »

Récemment, deux quotidiens lui ont consacré un portrait dans leur rubrique « femme de l'année ». Ces articles ont provoqué l'hilarité générale chez ses collègues masculins, qui pourtant interviennent régulièrement dans les journaux. « Alors, maintenant, tu te prends pour Ségolène Royal ? » lui a ainsi balancé le trésorier, manifestement en retard dans ses références.

Son mari est cadre dans une entreprise de BTP, et fier d'avoir épousé une femme d'affaires, même si cela le met parfois dans des situations embarrassantes.

« Tu comprends, mes collègues n'osent pas nous inviter à dîner. Tu leur fais peur, ils se doutent bien que tu gagnes plus qu'eux. Et ils n'aiment pas ça », lui a-t-il avoué un soir de vacances.

Nadia gagne plus d'argent que son mari et c'est une très forte motivation pour poursuivre sa carrière et continuer à se battre « comme un homme dans un monde d'hommes ». Combien de fois a-t-elle vu des copines de promotion lui expliquer qu'elles allaient moins s'impliquer dans leur carrière parce que, avec l'argent que gagne leur mari, elles ne voyaient plus bien l'intérêt de mener une vie stressante, de supporter des horaires à rallonge et des collègues lâches et insipides ! Nadia ne s'est jamais posé cette question : elle n'a pas les moyens d'arrêter de travailler, elle assure le train de vie du couple, et c'est très bien ainsi. Sachant que 50 % des couples divorcent en Île-de-France, et même 66 % des couples cadres, cela lui semble très risqué de quitter son poste et de compter sur le salaire du conjoint. Autant jouer à la roulette russe.

« Sur le papier, ma vie est fantastique. La réalité, c'est que je passe mon temps à faire semblant, nous confie Nadia. Au travail, je fais semblant d'être une professionnelle accomplie, dévouée à l'entreprise. Quand je dois aller chez le pédiatre ou à une réunion de parents d'élèves, je dis que j'ai rendez-vous avec un client. Quand je suis à New York et que je dois rentrer à Paris, j'explique à mon patron que le vol de vingt-deux heures est plein pour prendre celui de dix-neuf heures, qui me permet d'arriver à la maison avant le départ à l'école des enfants.

« À la maison, je fais semblant de tout gérer avec le sourire, même si je passe mon temps à planifier, anticiper, trouver des solutions. Mon mari trouve que "trois enfants, ce n'est pas si compliqué", mais il n'a aucune idée de l'organisation qu'il y a derrière. Certains soirs, j'aimerais bien, comme certains collègues, rentrer après l'extinction des feux à la maison. Je suis épuisée, mais je n'en parle pas, je ne me plains jamais, je veux la paix à la maison. »

La dernière leçon de Nadia, la plus difficile, c'est de ne pas se sentir coupable. « Ma priorité, ce n'est pas mon boulot, ni mes enfants, c'est moi ! Est-ce que mes garçons culpabilisent quand ils passent l'après-midi au foot avec leurs copains ? En fait, je ne connais aucune femme qui n'éprouve pas de culpabilité ; l'important, c'est d'apprendre à vivre avec et de la tenir à une distance raisonnable, pour qu'elle ne vous paralyse pas. »

Au printemps dernier, Nadia assiste au séminaire de son groupe à Istanbul. À la tribune se succèdent des experts, tous masculins. Un intellectuel parisien explique que la cuisine est un indicateur clé du développement d'un pays, que cela donne de l'importance aux femmes. À la fin de la journée, le DRH, qui a organisé le séminaire et dressé la liste des intervenants, présente aux cadres un ambitieux plan de gestion des talents. « Notre priorité, c'est la mixité. Mesdames, à vous de jouer ! » À nous de jouer ou aux fourneaux ?

La morale de cette histoire

Dans une compétition professionnelle, une femme avec enfants mariée à un homme qui travaille n'a aucune chance en face d'un homme marié à une femme au foyer. Le poste convoité ne sera jamais pour elle. Mais on peut déjouer les statistiques. Ne tombez pas dans les pièges que l'entreprise, la famille, la société vous tendent, refusez les stéréotypes, les étiquettes, ne faites pas ce qu'on attend de vous. Et méfiez-vous du sexisme bienveillant, des gens qui veulent vous aider « parce que vous êtes une femme ».

En rentrant de notre week-end d'anciennes combattantes, sur le périphérique, je tombe sur cette publicité pour un magasin de bijoux : « N'oubliez pas que vous êtes la femme de votre vie ! » Je n'ai jamais aimé les bijoux, mais je suis bien d'accord.

Épilogue :
les nouveaux pères existent-ils ?

Soucieuse de conclure par un contrepoint positif, je cherche désespérément à rencontrer un « nouveau père », ce concept dont la presse nous chante les louanges à longueur d'articles. Les nouveaux pères seraient cette génération de trentenaires qui, à rebours de la génération d'avant, maîtriseraient le maniement du chauffe-biberon et du porte-bébé. Parmi les maris de mes copines de promo, je n'en vois aucun. Une copine journaliste parisienne me donne une explication : le nouveau père est un concept bobo, issu des classes aisées de l'Est parisien surreprésentées chez les journalistes. D'où la profusion d'articles à ce sujet. Selon une autre, docteur en sociologie, c'est une métaphore aimable pour cacher une réalité qui l'est moins : le chômage du père. De nombreux pères « disponibles » pour leurs enfants seraient des victimes de la crise financière en attente d'un rebond professionnel.

Si je me fie aux statistiques, 80 % des tâches ménagères sont assumées par les femmes, comme il y a dix ans, comme il y a vingt ans. « Comment font les pères pour s'impliquer davantage sans y passer plus de temps ? » se demandait la sociologue Anne-Marie Devreux.

L'anti-nouveau père, je le visualise bien : c'est Xavier, autre camarade de HEC, qui dirige une PME spécialisée en études publicitaires. Il a une qualité assez unique : il dit toujours ce qu'il pense, sans filtre, sans se soucier des réactions que ses opinions tranchées peuvent provoquer. Quelques jours après notre week-end de filles, je l'interroge sur la place des femmes dans son entreprise. « Je n'embauche que des filles », me dit-il, entonnant le refrain habituel : « Mon métier requiert de l'écoute, de l'empathie et de la discrétion, qualités que je ne trouve pas chez les hommes. Et puis, ajoute-t-il lucide, je ne veux pas d'un autre coq dans l'équipe. »

Sur la question du physique, là encore, son honnêteté est désarmante : « À compétence égale, je prends toujours une jolie fille. C'est important, le physique, c'est valorisant…

– Valorisant pour qui ? lui demandé-je. Pour toi ou pour la boîte ?

– Les deux. C'est important pour une boîte de services, car c'est l'image de l'entreprise qui est en jeu, et pour moi, c'est quand même plus agréable. En fait, poursuit-il, c'est une question d'épanouissement. Une jolie fille, je considère qu'elle est épanouie, équilibrée. Une fille moins jolie, je me méfie, elle doit avoir un problème. »

Pour autant, Xavier estime qu'embaucher des femmes a un coût. « Quand une fille revient de congé maternité, la première chose que je lui dis, c'est : "Tu sais que ton congé maternité m'a coûté 15 000 euros (différence, d'après lui, entre le salaire et les cotisations sociales payés par l'employeur pendant l'absence de la salariée et le remboursement par la sécurité sociale, qui est plafonné). Tiens-en compte au moment où tu me demanderas une prime…" »

Xavier part souvent en voyage avec son réseau, mais il n'emmène jamais sa femme. « Il faudrait que je m'occupe d'elle en permanence, c'est du temps de réseautage que je perds. »

Xavier a trois enfants et se définit comme un père transgressif. « Tu comprends, mon père était très sévère, j'essaie de faire différemment avec mes enfants.

– Qu'est-ce que tu considères comme transgressif ?

– Par exemple, je roule en Smart et je mets mes enfants dans le coffre. Ma femme, elle, ne travaille pas. Ou plutôt ne travaille plus. Avant les enfants, elle était journaliste à la télévision, et puis les enfants sont arrivés, et elle a décroché petit à petit.

– Et maintenant que les enfants sont grands, elle ne peut pas s'y remettre ?

– Elle manque d'énergie pour se lever le matin. C'est prouvé, les femmes ont besoin d'une heure de sommeil de plus que les hommes, c'est statistique. Moi, tu vois, je ne dors que quelques heures par nuit et je récupère très bien ; ma femme, non. Il faudrait que je paie un ami pour qu'il lui commande du travail car par elle-même, elle ne trouvera jamais. Mais, tu sais, ma femme est un véritable chef d'entreprise, elle dirige la maison ; moi, j'en serais incapable. Je m'intéresse surtout à l'éducation des enfants : pour eux, je vise Polytechnique.

– En somme, tu te considères comme transgressif, en rupture avec le modèle paternel, mais tu reproduis un schéma assez classique : responsabilité financière incombant à l'homme, femme au foyer, trois enfants. »

Pas de réponse de Xavier.

Je pose une dernière question, dont je connais déjà la réponse : « Quelle est ta contribution aux tâches ménagères dans le foyer ?

– Ma contribution, c'est d'aller chez le traiteur. »

Dans le premier chapitre, je vous disais que le premier critère pour réussir sa carrière, c'était le choix du conjoint. L'épouse de ce gentleman ne me contredira pas.

Poursuivant ma quête d'un nouveau père, j'interroge méthodiquement mes copines de promo en leur dressant un portrait-robot du spécimen recherché. La plupart haussent les sourcils et soupirent, ne voyant pas du tout de quoi il s'agit. J'ai beau préciser que le nouveau père n'est pas un père au foyer, on me renvoie systématiquement vers les mêmes (rares) femmes de pouvoir dont le mari culturiste, ou artiste, ou écrivain, assume les tâches liées au foyer. Comme si un couple où l'homme s'investit dans la sphère domestique, c'était forcément un couple à l'envers, avec une femme qui l'a désertée.

Alors que je m'apprête à renoncer, une copine charitable me parle d'Hubert, camarade de promo, marié à une femme directrice de musée, trois enfants. Il est directeur commercial d'un groupe de téléphonie. Il se considère comme un père moderne et modèle. « Je suis féministe, j'ai toujours pensé que les femmes devaient travailler comme les hommes, jamais je n'accepterais que ma femme soit au foyer. Par rapport à mes amis, je suis un mari modèle : ma femme fait une carrière en parallèle de la mienne, je dépose les enfants à l'école, je change les couches. Les tâches ménagères sont bien réparties dans notre couple, c'est vraiment 50/50. » Devant mon air sceptique, il précise : « Bon, pour être honnête, elle en fait plus que moi, mais ça n'a rien à voir avec le fait d'être une femme, c'est juste qu'elle est plus maniaque, que son niveau de tolérance au désordre est beaucoup plus bas que le mien. » Ben voyons. Et si c'est elle qui se lève la nuit, c'est parce qu'elle a moins besoin de sommeil que toi, je suppose ? Ou parce qu'elle a l'ouïe plus fine ?

Des psychiatres médiatiques comme Marcel Rufo ou Aldo Naouri lancent régulièrement un cri d'alarme dans les journaux : « Pères, reprenez votre place ! Vous n'êtes pas des mères *bis* pour vos enfants ! » alertent-ils en une de *L'Express* ou du *Nouvel Obs*. Marcel et Aldo, c'est gentil de vous inquiéter, les pères ont sans doute trop perdu de leur autorité, mais rassurez-vous, ils n'ont pas encore basculé dans la maternité.

À ce stade de ma quête du Graal, difficile de cacher ma déception. Le nouveau père chez les cadres supérieurs, c'est le père d'avant mâtiné d'un (petit) supplément de culture égalitaire. Donc le nouveau père n'existe pas. Il y a d'un côté le père courant d'air, ou celui qui fait un peu et croit qu'il fait beaucoup (la majorité), et de l'autre celui qui fait tout, mais ne travaille plus (cas très rares, mais mis en avant dans les médias). Entre les deux, il n'y a rien.

Remerciements

Merci à tous les anciens et anciennes de HEC qui ont accepté de témoigner. Merci en particulier à mes dix héroïnes pour le temps qu'elles m'ont consacré. Pour préserver leur anonymat, tous les prénoms ont été changés.

Merci aussi à Isabelle Chazot, Hanif Kureishi, Christophe Labarde, Jean Picollec, Renaud Redien-Collot, Sophie Reynal, Stéphane Treppoz, Céline Van Steenbrugghe.

Merci enfin à Sophie Kucoyanis, mon éditrice bien-aimée.

Merci à Jean.

Table

Photocomposition Nord Compo
Villeneuve-d'Ascq

Cet ouvrage a été imprimé en France par
CPI Bussière
à Saint-Amand-Montrond (Cher)
en mars 2013

Pour l'éditeur, le principe est d'utiliser des papiers composés de fibres naturelles, renouvelables, recyclables et fabriquées à partir de bois issu de forêts qui adoptent un système d'aménagement durable.
En outre, l'éditeur attend de ses fournisseurs de papier qu'ils s'inscrivent dans une démarche de certification environnementale reconnue.

36-57-3604-0/02

Dépôt légal : mars 2013.
N° d'impression : 2002003.